日日如意

富贵年年

紫禁城 365

FORBIDDEN CITY

赵广超 著

故宫出版社

一月

二月

前言

1420年落成的紫禁城，历明清两朝，先后有二十四位皇帝在这里生活、治国。到2020年，紫禁城刚好满六百岁了，如今依然气魄恢宏、壮丽如昔。纵览世界现存皇宫，紫禁城可谓绝无仅有。祝愿她年年如新、岁岁太平，和我们一起见证越来越美好的时代。

赵广超
设计及文化研究工作室
2020年春

三月 四月 五月 六月 七月 八月 九月 十月 十一月 十二月

一月

JANUARY

规划

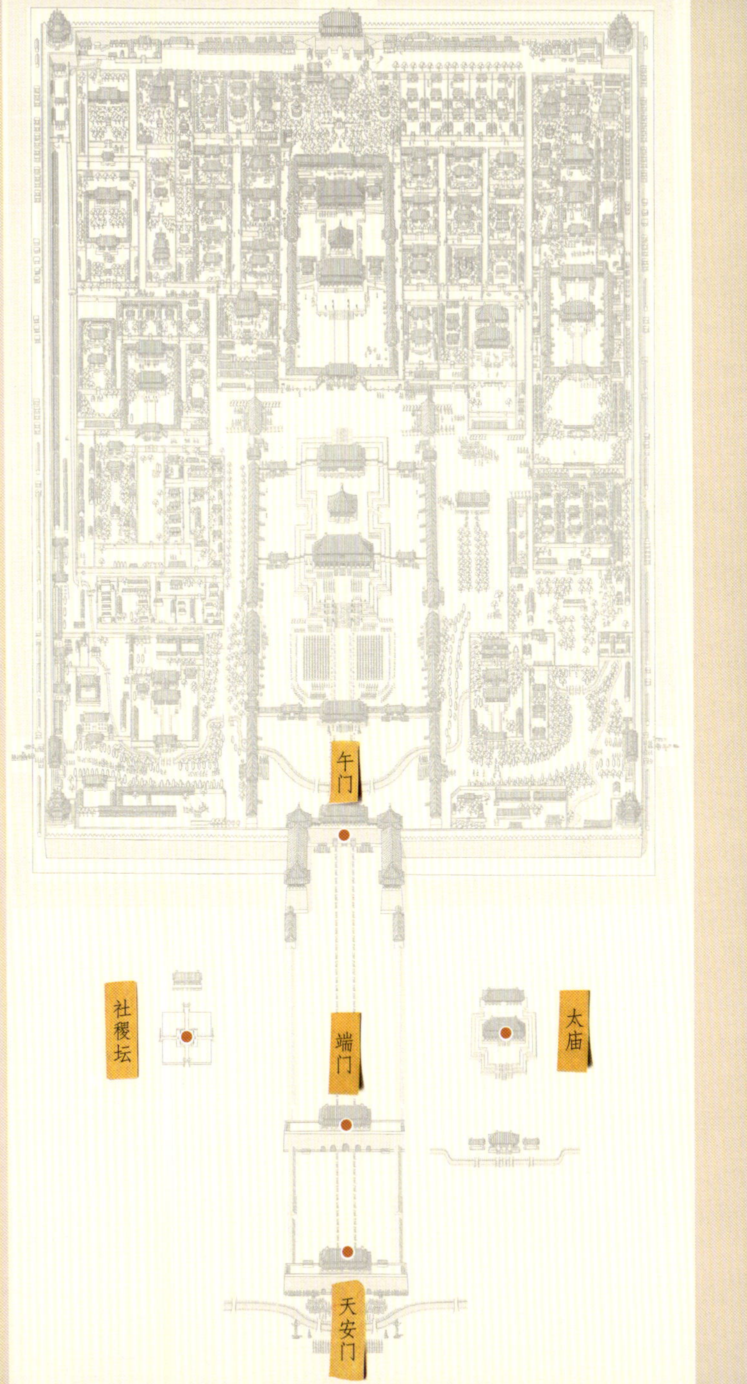

午门
社稷坛
端门
太庙
天安门

北京城中轴线

这条中轴线自南到北，从永定门到钟鼓楼，全长约八公里。

紫禁城位于北京中轴线的中心，是中国古代宫廷建筑的典范。

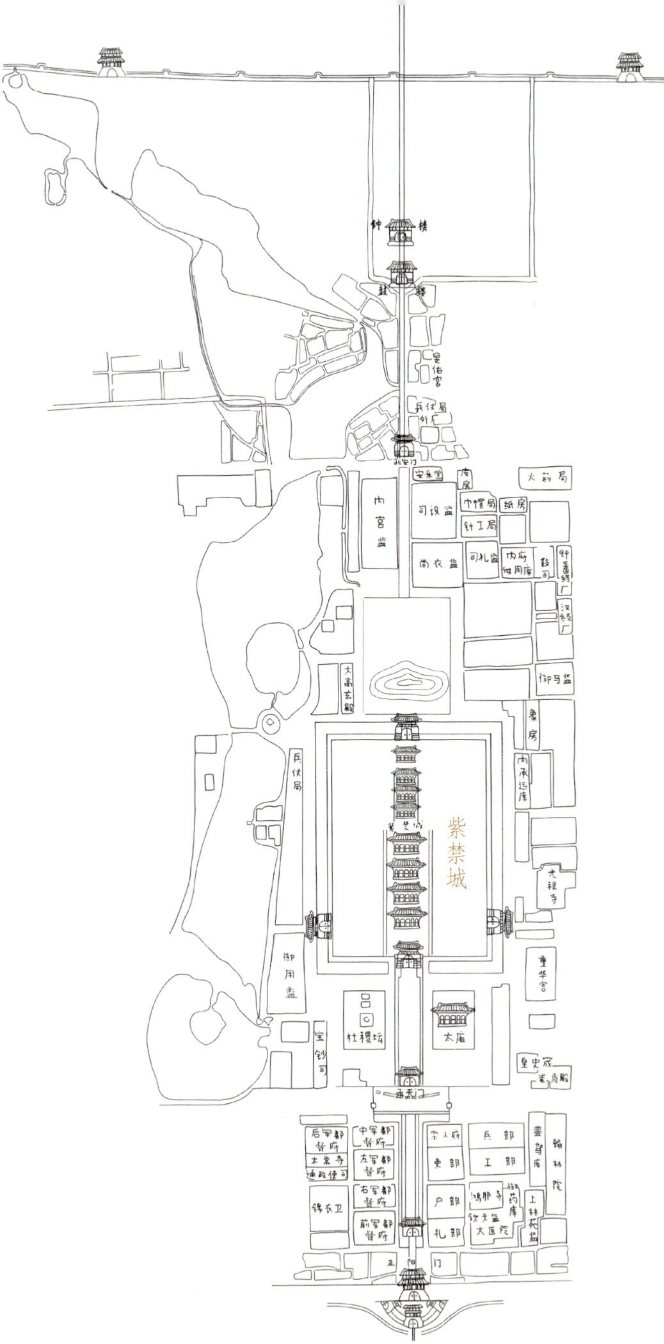

一月

JAN

1

元旦

New Year's Day

紫禁城

明代永乐帝营建了紫禁城。

紫：指紫微垣，传说是天帝居住的地方，表示尊贵的意思。

禁：指皇宫禁地，守卫森严，任何人都不能随便进出。

城：紫禁城是世界上现存规模最大的木结构宫殿，城防坚固。

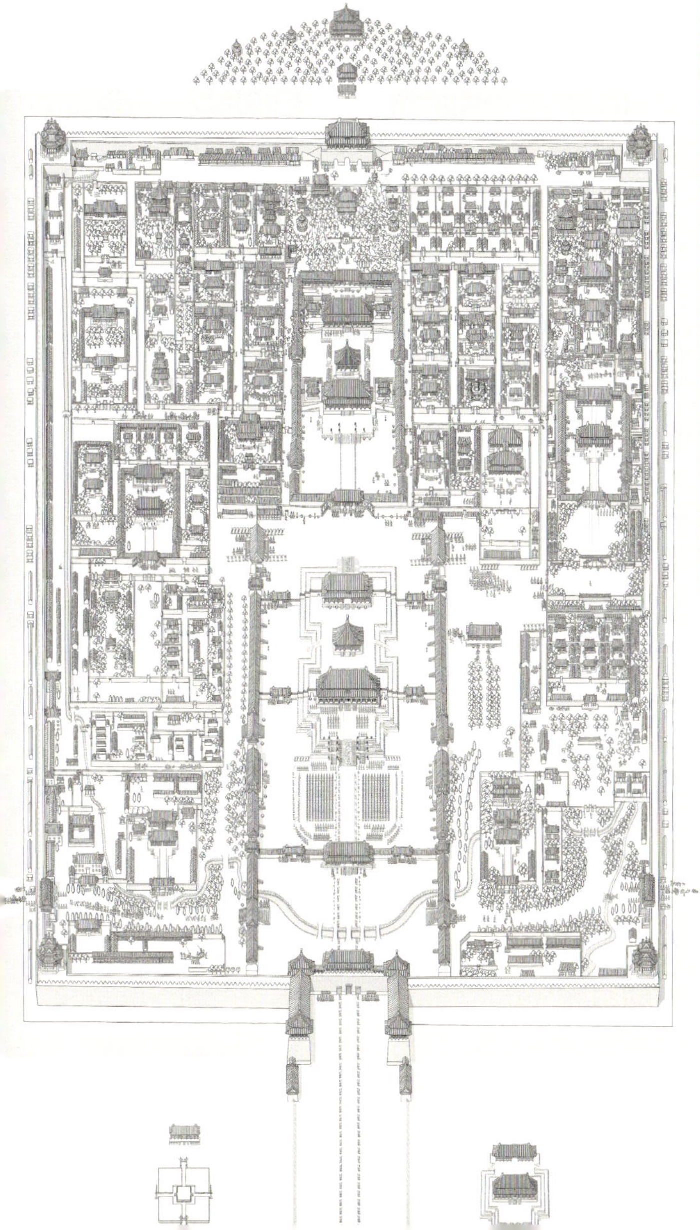

一月

JAN

2

世界文化遗产

1987年，故宫被联合国教科文组织列入《世界遗产名录》。委员会评价：『紫禁城是中国五个多世纪以来的最高权力中心，它以园林景观和容纳了家具及工艺品的九千多个房间的庞大建筑群，成为明清时代中国文明无价的历史见证。』

一月

JAN

3

United Nations
Educational, Scientific and
Cultural Organization

紫微垣

在古人心目中，紫微星具有崇高的地位，仿佛是天上的君主，号令四方、群星拱卫。以紫微星为中心的紫微垣星群，便是古人想象中天帝的皇宫。

上接中天之枢（紫微垣），下应子午（南北地轴）之王气的便是地上的天宫——紫禁城。

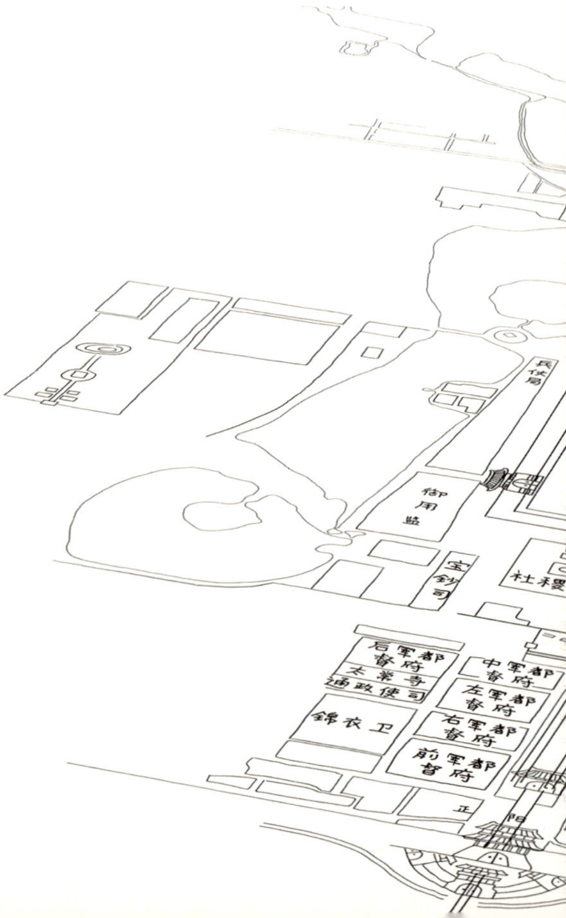

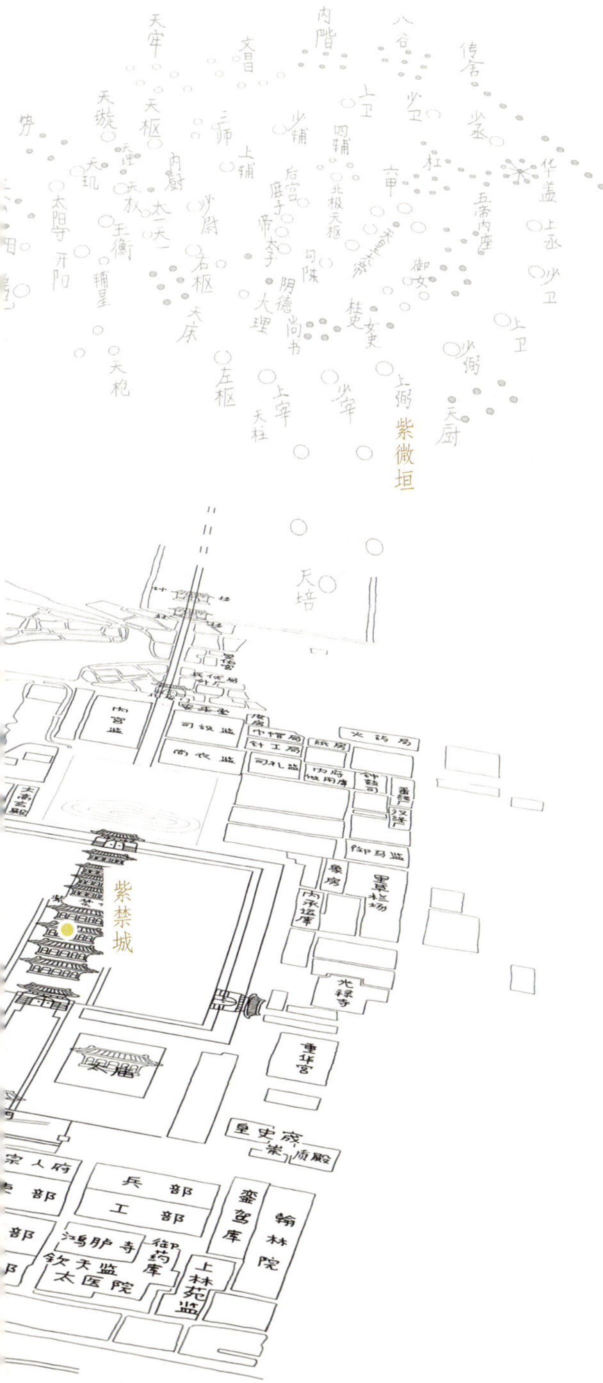
紫微垣
紫禁城
天牢
文昌
内阶
八谷
传舍
天枢
三师
少辅
四辅
上辅
上卫
少卫
华盖
六甲
五帝内座
上丞
北极
天枢
后宫
庶子
帝
太子
勾陈
阴德
尚书
大理
天床
左枢
右枢
上宰
少宰
天柱
上弼
少弼
天厨
柱史
女史
御女
天培
内官监
司设监
尚衣监
司礼监
针工局
巾帽局
纸房
火药局
内府供用库
钟鼓司
番经厂
汉经厂
御马监
象房
里草栏场
内承运库
光禄寺
重华宫
皇史宬
大高玄殿
宗人府
兵部
工部
鸿胪寺
钦天监
太医院
御药库
上林苑监
銮驾库
翰林院

一月

JAN

4

三朝五门

《礼记》中记述，上古天子有三朝，即外朝、治朝、燕朝；有五门，即皋门、库门、雉门、应门、路门，规定了皇宫格局与宫廷仪式。

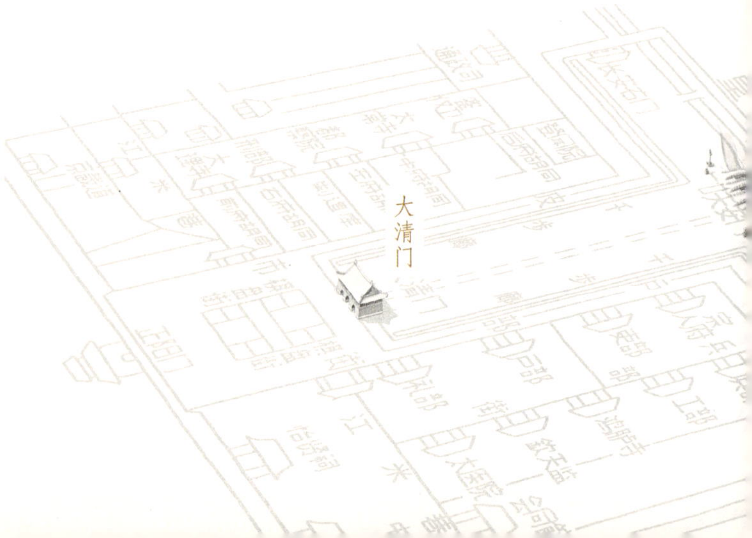

一月

JAN

5

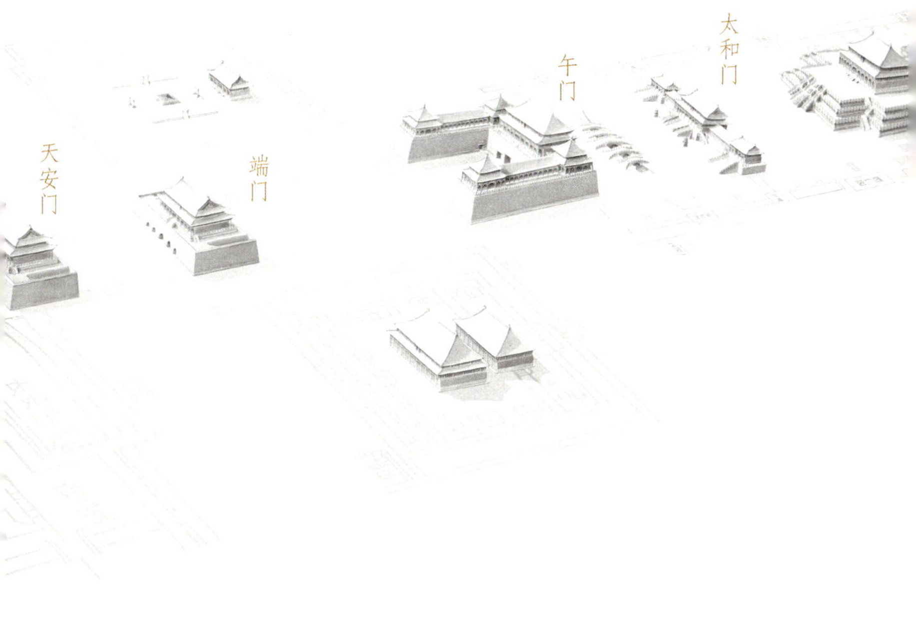

五门

所谓『五门』，分别是大清门、天安门、端门、午门、太和门。

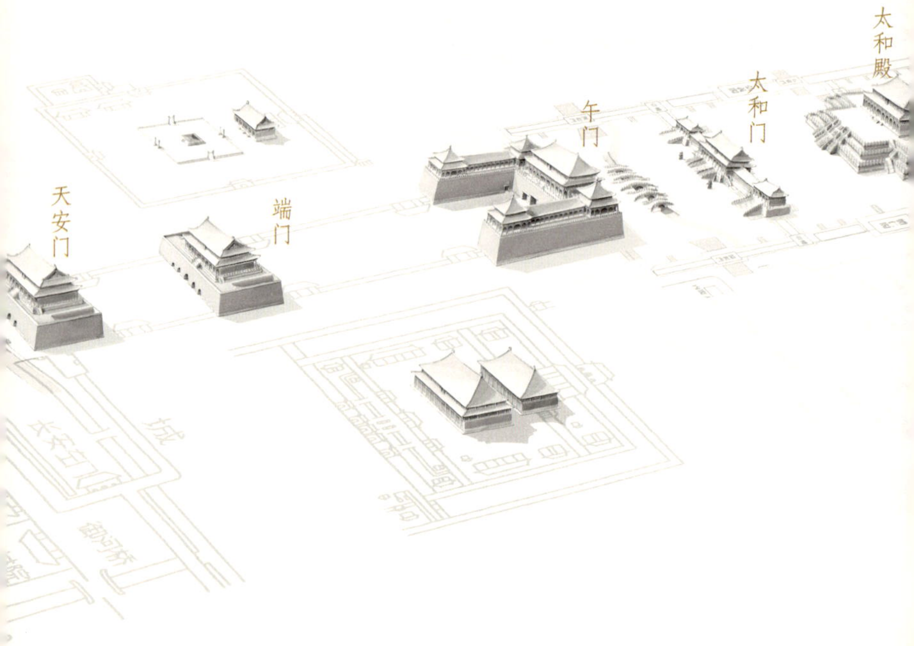

一月

JAN

6

外朝 治朝 燕朝

明代天安门外为外朝，
午门内为治朝，太和门内为燕朝，
而清代燕朝退至乾清门内。

【外朝】

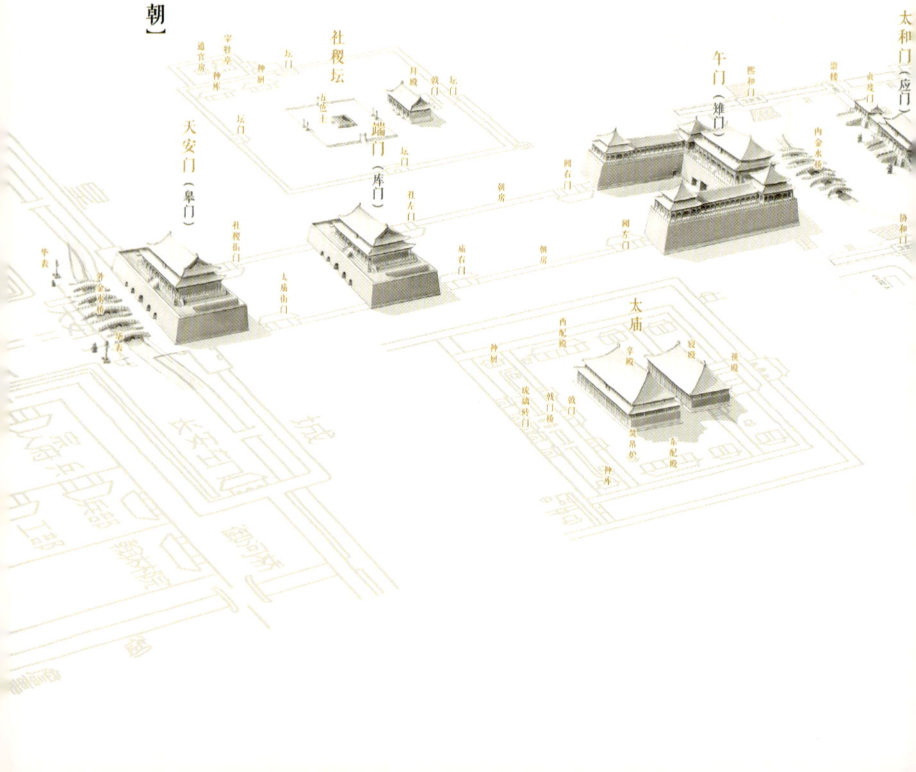

一月

JAN

7

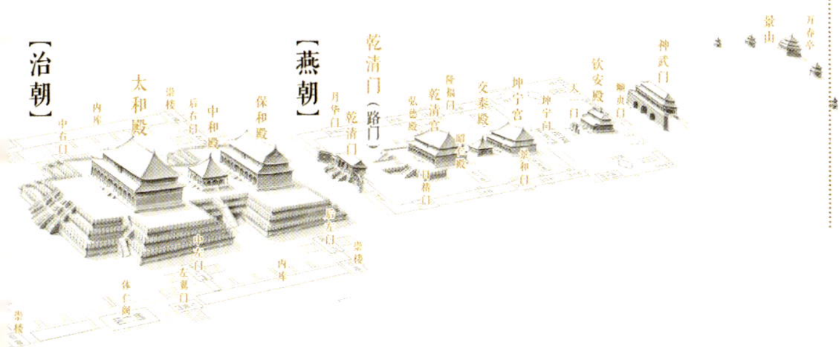

皇城东西 2530 米，南北 2600 米。 紫禁城东西宽 753 米，南北长 961 米。

天安门广场

天安门广场是世界上最大的城市中心广场，明清两代中央最重要的统治机构六部及翰林院等皆设置于此。这里曾是帝国统治机构的中枢。

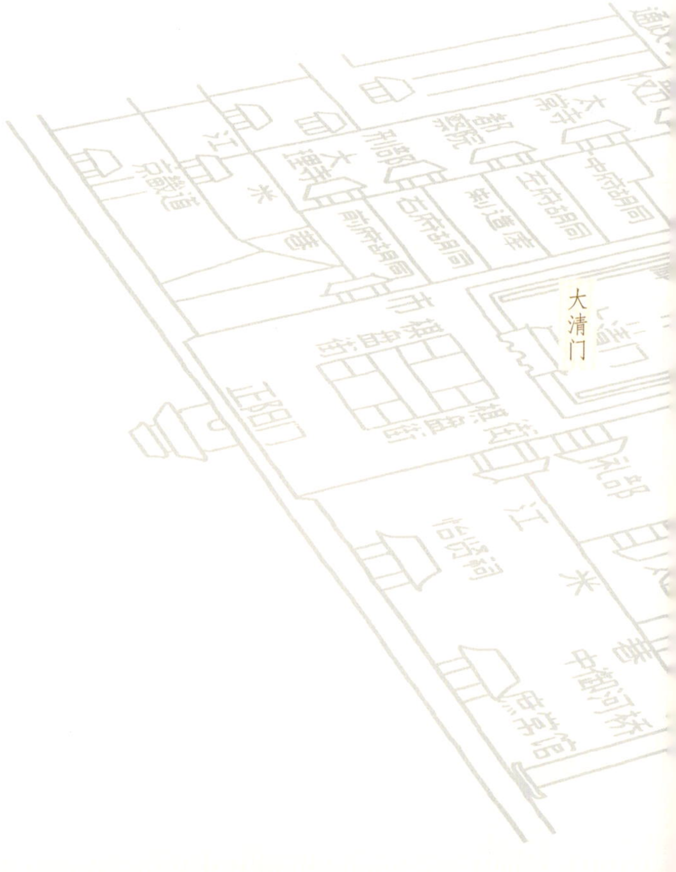

一月

JAN

8

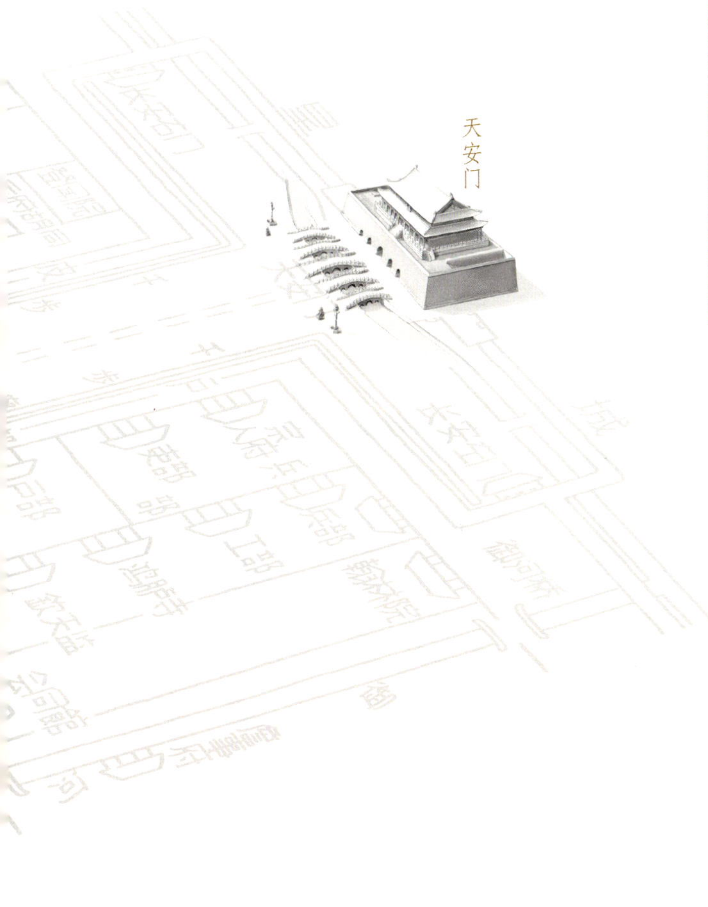

天安门

在『三朝五门』的制度中，『天安门』相当于皋门，皋是远的意思。

一月

JAN

9

天安门 石狮子

天安门前、外金水桥南北两侧各安置了一对石狮子，这两对汉白玉石狮子雕刻于明代永乐十五年（1417），加上底座总高近三米。

一月

JAN

10

天安门 华表

天安门内外各设有一对华表。

华表据说源于古代帝王接纳劝谏的诽谤木，之后发展为通衢道路的标示。

一月

JAN

11

天安门 华表朝天吼

华表上的蹲兽名叫朝天吼。天安门前后各有一对，面对着紫禁城的寓意『望君出』，象征敦促皇帝要外出关心民生，不可耽于宫廷逸乐。背对皇宫的则寓意『望君归』，象征呼唤出游久久不返的皇帝，快点回宫处理政务。

一月

JAN

12

天安门 金凤颁诏

凡遇国家庆典、新帝即位、皇帝结婚、册立皇后，都会在天安门举行『颁诏』仪式。礼部尚书在紫禁城太和殿奉接皇帝诏书（圣旨），登上天安门城楼由宣诏官宣读，宣诏毕，将皇帝诏书衔放在木雕金凤的嘴里，用彩绳悬吊从天安门上徐徐放下，布告天下。

一月

JAN

13

端门

端门在天安门之北，是进入紫禁城前最近的一道门，也是进入午门前再一次从空间上营造约束与威严的氛围。端门的建筑结构与天安门相同，故又称『重门』。

一月

JAN

14

端门 铜钟

端门城楼内有一口双龙盘钮大钟，重逾三吨。

过去每逢早晚朝、节庆日或者皇帝出巡、回銮时，端门敲钟，午门击鼓，钟鼓齐鸣。

一月

JAN

15

端门 皇帝仪仗

端门城楼在明清两代被用于存放皇帝出行所用的仪仗用品。

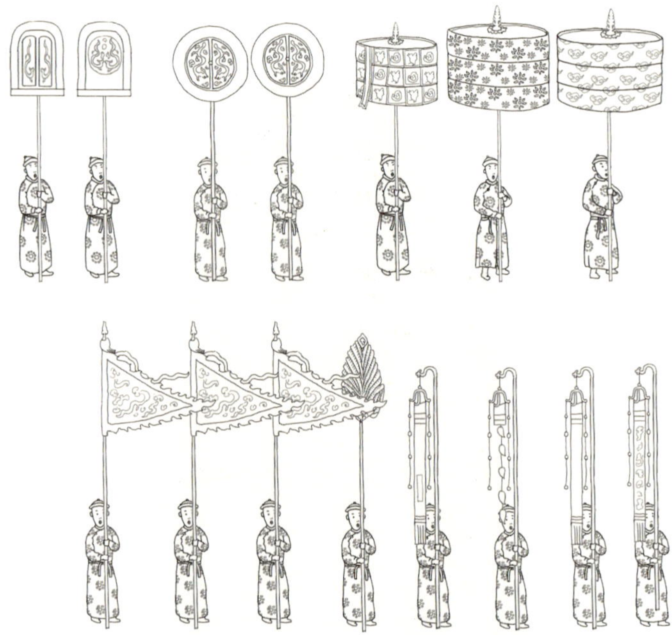

一月

JAN

16

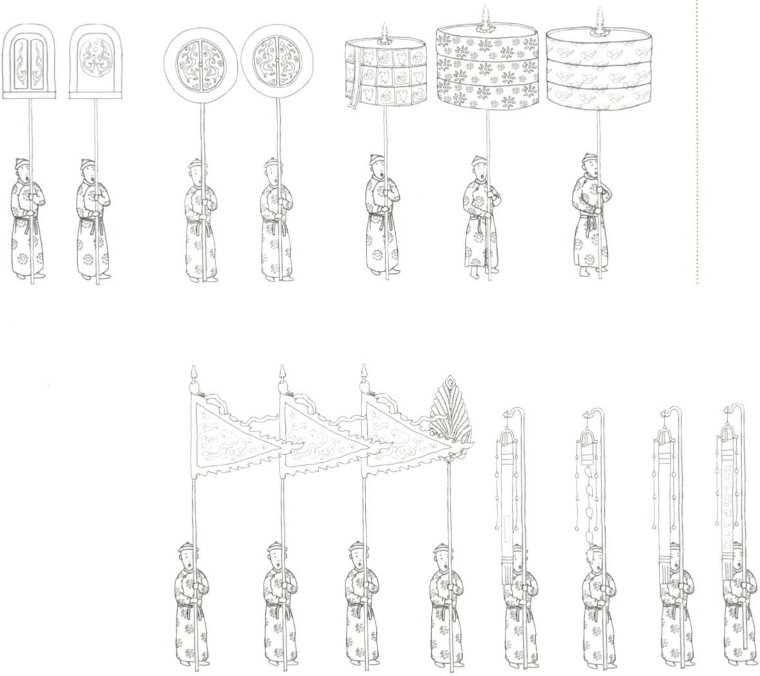

左祖右社

在周代营建国都的规制中，特别提到『左祖右社』。帝王『面南而治』，在皇宫前方，左（东）奉祖先，右（西）祀社稷。

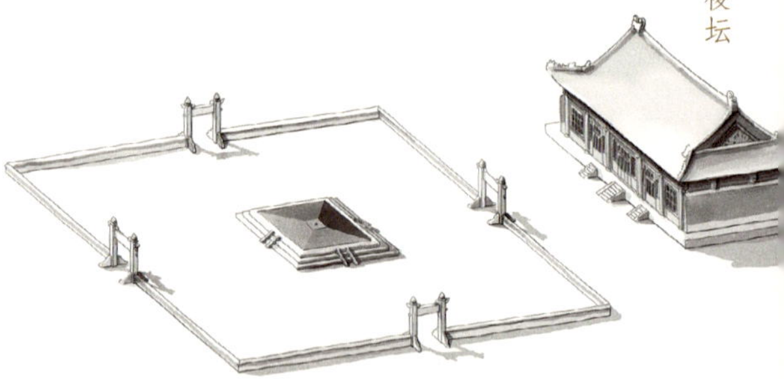

一月

JAN

17

社稷坛

社稷坛建于明永乐十八年（1420），以天圆地方和阴阳五行的概念修建。坛上由四方纳贡的青（东）、红（南）、白（西）、黑（北）及黄（中）的五方五色土壤铺成。集五方之土，象征『普天之下，莫非王土』，也蕴含四方五行衍生万物的意思。

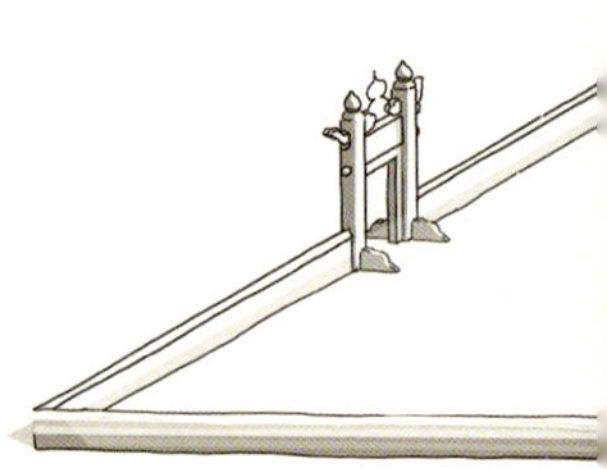

一月

JAN

18

太庙

太庙始建于明永乐十八年（1420），是明清皇室祖庙。每逢皇帝登基、大婚、节庆、出征及回朝等，皇帝都要在太庙祭祀先祖。

一月

JAN

19

太庙 楠木柱

在太庙的享殿内，有金丝楠木大柱六十八根，柱高约为十三米，其中最大直径一米二有余。

一月

JAN

20

午门

午门是紫禁城的正门，建于明永乐十八年（1420），建筑呈『凹』字形，沿袭古代门阙形制。午门整体通高近三十八米，是紫禁城最高的建筑。

一月

JAN

21

午门之门

午门正中朝外开三门，但因两侧各有一座掖门，因此朝内为开五门，俗称『明三暗五』。

正中的门为皇帝专用，此外皇后在大婚时，可以乘坐喜轿经中门进宫一次。

另通过殿试选拔的状元、榜眼、探花，中榜后可从中门出宫一次。

东侧门供文武官员出入，西侧门供宗室王公出入。

左右掖门平时不开，皇帝在太和殿举行大典时，文武百官才由两掖门出入。

一月

JAN

22

午门 五凤楼

午门由五座楼阁组成，高低错落，左右翼形若大鸟展翅，故又称为五凤楼。

一月

JAN

23

午门『凹』字形

午门的平面呈『凹』字形，沿袭了唐朝大明宫含元殿以及宋朝宫殿丹凤门的形制。而这些都是从汉代的门阙演变而成的。

一月

JAN

24

腊月迎新 嘉平书福

『嘉平』是腊月的别称。每年腊月初一皇帝在重华宫或建福宫书福，赐『福』字给大臣。乾隆朝当了三十一年尚书的王际华，积历年所得共二十四幅『福』字，装裱悬挂，名为『二十四福堂』。

一月

JAN

25

午门 献俘礼

『献俘礼』是每当战争凯旋，将俘虏敌首献给皇帝的仪式。在明代『献俘』犹如作秀，皇帝说一声『拿去』，左右近臣即齐喊『拿去』，然后四人、八人、十六人……直至三百六十人齐声吆喝，使得俘虏心惊胆战，无不俯首称臣。乾隆一朝，国力强盛，举行过四次『献俘礼』。

拿去！拿去！拿去！拿去！拿
拿去！拿去！拿去！拿去！
拿去！拿去！拿去！
拿去！拿去！拿去
拿去！拿去！
拿去！拿去
拿去！拿
拿去！
拿去

一月

JAN

26

去！拿去！拿去！拿去！拿去！拿去！拿去！拿去！拿去！拿去！拿去！
去！拿去！拿去！拿去！拿去！拿去！拿去！拿去！拿去！拿去！拿去！
去！拿去！拿去！拿去！拿去！拿去！拿去！拿去！拿去！拿去！

午门 廷杖

明代的午门广场也是廷杖大臣的地方。所谓『廷杖』，是用棍杖击打臣子臀部的一种刑罚。明代正德皇帝和嘉靖皇帝，都曾下令在午门外廷杖大臣，有不少大臣死于杖下。

一月

JAN

27

午门 下马碑

午门阙左门和阙右门外，都设有『下马碑』，用满、蒙、汉三种文字镌刻『官员人等至此下马』。在明清时期，除非得到皇帝的特殊恩赐，所有的王公大臣到紫禁城各大门口，乘轿者下轿，骑马者下马。

一月

JAN

28

角楼

紫禁城城垣四隅之上的角楼，原是作为观察、守望、防卫之用，但因其结构精巧、玲珑别致，更具装饰功能与观赏价值。角楼结构复杂，传说设计者受鲁班蝈蝈笼子的启发，才有了这『九梁、十八柱、七十二脊』的角楼。

一月

JAN

30

城墙 护城河

紫禁城守卫森严，四周用十米多高的城墙和五十二米宽的护城河围护，非宫廷人员或行政官员，无特殊情况是不可以进入紫禁城的。

一月

JAN

31

二月

FEBRUARY

前朝

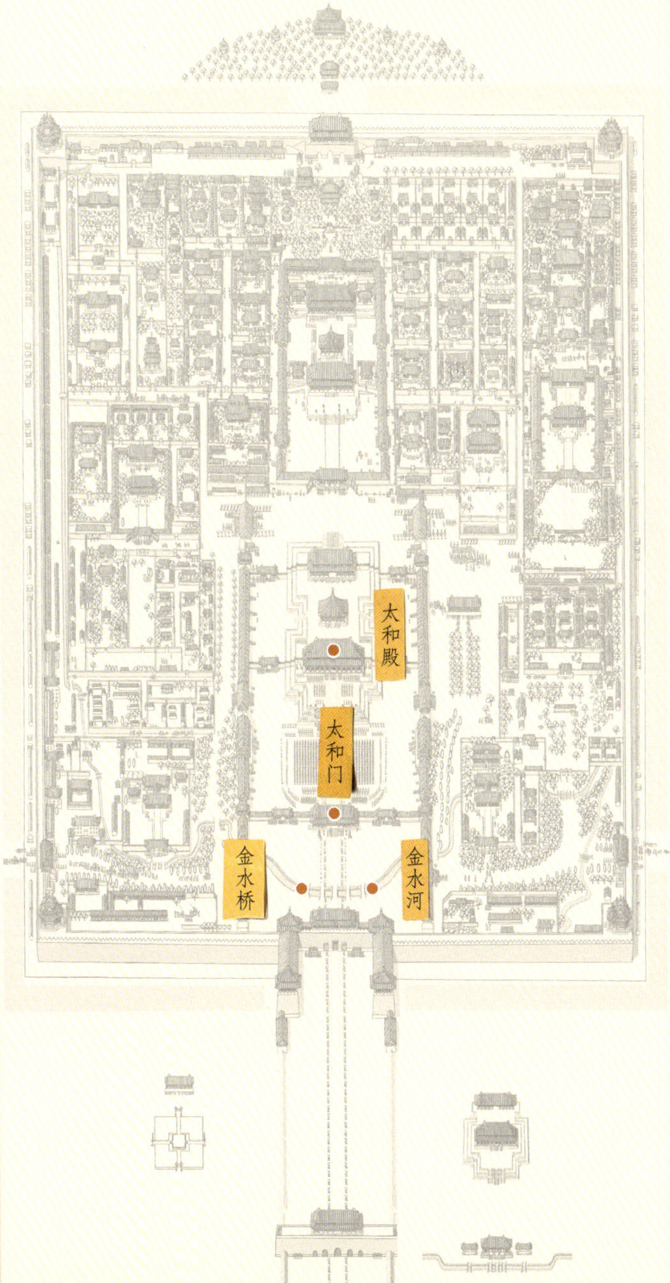
太和殿
太和门
金水桥
金水河

前朝

紫禁城建筑整体按布局和功能的不同，
分为前朝与后寝两部分，以乾清门广场为界。
前朝以中轴线上的太和殿、中和殿、保和殿三大殿为中心，
此外，东有文华殿，西有武英殿，两翼左辅右弼。
凡国家大事、庆典朝贺及君臣公务都在这里进行。

二月

FEB

1

外朝广场

外朝广场主要有太和门广场和太和殿广场，
是世界上最大的建筑群内部广场，
是明清重要的政治及仪式典礼空间。
太和门广场是明代『御门听政』之处，
太和殿广场是举行国家重大庆典的地方。

二月

FEB

2

太和门广场

太和门广场面积两万六千平方米，仅次于太和殿广场。太和门广场上有内金水河流经，河上有五座金水桥。

二月

FEB

3

金水河与金水桥

太和门前的内金水河像皇帝的弯弓，金水河上的五座石桥，如同搭在弓上的五支箭，象征五常之道：仁、义、礼、智、信。

二月

FEB

4

太和门

太和门是外朝三大殿的正门。明朝在这里举行『御门听政』，皇帝处理常朝事务。

二月

FEB

5

太和门

清军入关后的第一任皇帝——顺治帝在太和门登基。

二月

FEB

6

太和门 铜狮子

把守太和门的这对铜狮子，总高超过四米。雄狮居左，右足踏绣球，象征皇家权力和一统天下；雌狮居右，左足抚幼狮，象征子嗣昌盛。

二月

FEB

7

元宵节 赏花灯

元宵节时，紫禁城里悬挂着各式各样的花灯，并且会在宫中举行宴会。清宫上元节便定在正月十四日至十六日三天，这三天内官员要穿朝服，不理刑名，也不办公。

二月

FEB

8

太和门　吉祥缸

太和门西贞度门前，陈设着一对铁缸，为明代弘治四年（1491）所铸造，至今已经有五百多年历史了。

二月

FEB

9

大明弘治四年御用監吉日造

石别拉

在太和门前两侧，协和门和熙和门的石栏杆望柱上，有名为『石别拉』的特殊构造，传说有类似报警器的功能。每当遭遇紧急情况，守兵便吹响小孔，会发出类似螺号声的『呜、呜』警报声。

二月

FEB

10

三大殿

三大殿是紫禁城内最尊贵的建筑，以太和殿为首，中和殿、保和殿顺列其后。

二月

FEB

11

清帝退位

1912年2月12日，隆裕太后带着清王朝年仅六岁的皇帝溥仪，颁布退位诏书，结束了清朝的统治，也终结了中国两千多年的封建君主专制制度。

院選舉為總理大臣當茲新舊代謝之際宜有南北
統一之方即由袁世凱以全權組織臨時共和政府
與民軍協商統一辦法總期人民安堵海宇乂安仍
合滿漢蒙回藏五族完全領土為一大中華民國予
與皇帝得以退處寬閒優游歲月長受國民之優禮
親見郅治之告成豈不懿歟欽此

宣統三年十二月二十五日

二月

FEB

12

旨朕欽奉
隆裕皇太后懿旨前因民軍起事各省響應九夏沸騰
生靈塗炭特命袁世凱遣員與民軍代表討論大局
議開國會公決政體兩月以來尚無確當辦法南北
睽隔彼此相持商輟於途士露於野徒以國體一日
不決故民生一日不安今全國人民心理多傾向共
和南中各省既倡議於前北方諸將亦主張於後人
心所嚮天命可知予亦何忍因一姓之尊榮拂兆民
之好惡是用外觀大勢內審輿情特率皇帝將統治
權公諸全國定為共和立憲國體近慰海內厭亂望
治之心遠協古聖天下為公之義袁世凱前經資政

三大殿

从台基下两边廊庑观看三大殿，
中和殿的体积和高度都明显比前后两殿小而矮，
构成一个不寻常的空间布局，
展示建筑的崇高不仅在其本身，还在于空间。
天的意义在整组建筑中的重要性显而易见，非常浩大。

二月

FEB

13

太和殿广场

太和殿广场面积三万余平方米，这座大广场上有紫禁城最大的建筑——太和殿。广场之大，更加烘托出太和殿之宏伟壮观。

二月

FEB

14

太和殿

太和殿是明清帝王举行国家重大典礼的场所。如登基典礼、大婚典礼、册立皇后礼、命将出征礼等。

二月

FEB

15

太和殿 万国来朝

《万国来朝图》是清代乾隆年间皇帝命宫廷画家创作的纪实画作，展现了当时新年时节太和殿前万国朝贺的场景。

累洽重熙四海春
皇清職貢萬方均書文
車軌誰能外方趾圓顱
莫不親那許防風仍後
至早聞干羽已咸賓塗
山玉帛千秋述商室共
球百祿臻詎是索疆恢
此日亦惟
謨烈賴
前人唐家右相堪依例
書院名流命寫真兩鰈
東鶼覲王會南蠻北狄
隶元辰丹青非為誇聲
教保泰承
庥慎撫循
乾隆辛巳秋御題

二月

FEB

16

太平有象

太和殿 万国来朝

清乾隆朝，宫廷画家作《万国来朝图》，图中各国使节有的来自西方的荷兰、英吉利、法兰西等国，有的来自日本、朝鲜、安南等周边诸国，还有周边少数民族政权派来的使者。

二

月

FEB

17

太和殿 常朝仪

清代每月初五、十五、廿五日在太和殿举行常朝仪。常朝仪上百官集会、向太和殿宝座上的皇帝行礼，外藩来朝使者也会在常朝日向皇帝行礼。举行朝会时会鸣鞭，以警告大臣肃静。

二月

FEB

18

鳴鞭校尉

太和殿 大婚

1889年，清朝光绪皇帝的大婚仪式在紫禁城太和殿举行。

二月

FEB

19

太和殿 大婚

画面所反映的场景是皇帝大婚的『大征礼』。『大征礼』是皇帝向皇后娘家赠送大婚礼物所举行的仪式。画中此时，太和殿广场的仪式已毕，持节使者正引领着队伍向皇后娘家出发。

二月

FEB

20

弘义阁

清代弘义阁为内务府银库，收存金、银、制钱、珠宝、玉器、金银器皿等。皇帝、皇后筵宴所用金银器皿由银库预备，用毕仍交该库收存。

二月

FEB

21

体仁阁

康熙年间，皇帝曾诏内外大臣举荐博学之士在体仁阁试诗比赋。乾隆年间重建体仁阁后，将此处作为清代内务府缎库。清代各朝御容画像也曾收藏于此。

二月

FEB

22

太和殿 品级山

清朝举办大典时，摆放在太和殿广场上的品级山，东西各两行，各按正、从一品起始，至正、从九品结束，各十八座，总共七十二座，为官员指引站立的位置。

二月

FEB

23

太和殿 匾额

三大殿的匾额上，原有两种文字：满文和汉文。1915 年袁世凯称帝，他登基后去掉了匾额上的满文，并把汉文移到了中间位置。

二月

FEB

24

太和殿 大吻

太和殿正脊两端有一对大吻，各由十三块琉璃构件组成。吻高三米多、重四吨多，是宫中最巨大的大吻。

二月

FEB

25

太和殿 仙人走兽

太和殿每个檐角上都排列着琉璃仙人和走兽，各有十只，数量之多为现存古建筑之最。

二月

FEB

26

太和殿 三交六椀菱花槅心

三交六椀菱花是清代宫殿建筑门窗槅心花纹装饰之最高等级。由三根棂子交叉相接为花瓣，相交点装饰为花心。太和殿的门窗，使用的就是最高等级的三交六椀菱花槅心。

二月

FEB

27

太和殿 日晷

日晷是中国古代测日影定时间的计时器，利用一日之内太阳投影的方向变化来测定并划分时刻。

二月

FEB

28

太和殿 嘉量

嘉量是中国古代标准量器，有方形、圆形两种。太和殿前的嘉量为方形形制。嘉量与日晷，陈设于宫殿前，是皇权的象征。

二月

FEB

29

三月

MARCH

前朝

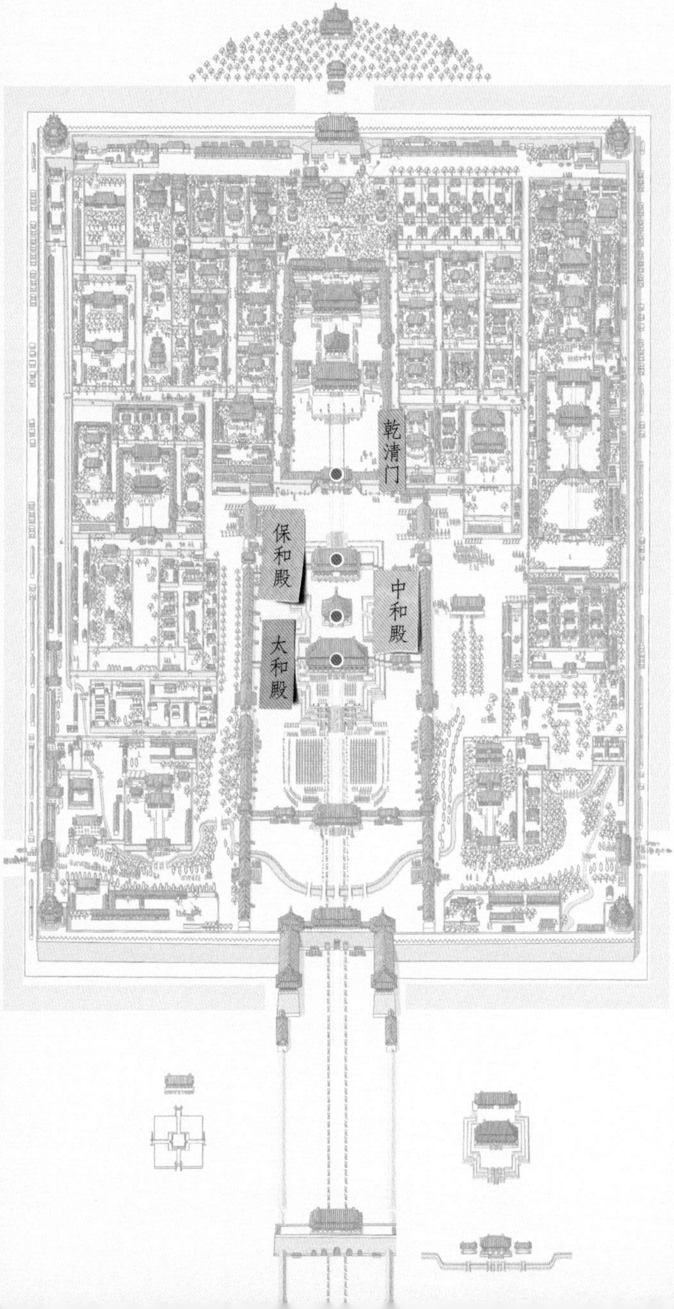

乾清门
保和殿
中和殿
太和殿

太和殿 铜香炉

太和殿三层台基上置有十八座鼎式铜炉，举行典礼时，炉中会燃起檀香、松枝，在太和殿周围形成一片云腾雾绕的景象。

三月

MAR

1

太和殿 铜龟

太和殿前设有一对铜龟，铜龟腹内是空的，便于大典时燃香，香雾从铜龟口中吐出。

三月

MAR

2

太和殿 铜鹤

一对铜鹤设于铜龟前面，铜鹤腹内也是空的，可以燃香。与铜龟一起象征江山永固、福寿绵长。

三月

MAR

3

太和殿 鎏金铜缸

太和殿两侧各陈设有两口鎏金铜缸。铜缸铸造于清乾隆时期，每口重三千多公斤。

三月

MAR

4

大清乾隆年造

太和殿

太和殿面阔十一间，进深五间，建筑面积两千三百七十七平方米，连同台基通高三十五米有余，是中国现存最大的木结构建筑。

三月

MAR

5

太和殿 结构

今天所见的太和殿为康熙年间重修而成，永乐帝初建时的奉天殿（太和殿），比如今的太和殿还要大三分之一。

三月

MAR

6

绥，原为挽手上车的绳索，又指安抚。

猷，计划和策划。

太和殿『建极绥猷』匾额

『建极绥猷』四个字为乾隆皇帝御笔，悬挂在太和殿宝座的上方，意思是：天子承担上对皇天、下对庶民的双重神圣使命，既要承天而建立法则，又要抚民以顺应天道。

三月

MAR

7

建極

建，建立、制定。

极，原指屋脊最高处。

太和殿 轩辕镜

太和殿宝座的正上方有『盘龙藻井』，藻井内、龙头下悬着一颗晶亮的圆球，称为『轩辕镜』。据说『轩辕镜』可以分辨真假天子。袁世凯登基时，因为心虚，害怕轩辕镜会掉下来砸死自己，于是下令将龙椅往后移了三米。

三月

MAR

8

太和殿 地毯

太和殿内铺设着红地双龙戏珠栽绒地毯，这是紫禁城宫殿内最大的一块地毯。

三月

MAR

9

太和殿 金龙柱

太和殿内有六根蟠龙金柱，金柱之间、平台之上，安设屏风、宝座。

三月

MAR

10

太和殿 金柱龙纹

太和殿内的每根金柱上各绘一条巨龙，龙身缠绕升腾，龙头昂首张口，似在穿云驾雾。六根金龙柱上的龙头全都朝向皇帝的宝座。此图像为金柱龙纹的展开效果。

三月

MAR

11

太和殿 金砖

太和殿内地面共铺设金砖四千七百一十八块。
金砖产自苏州、松江等地，选料精良，制作工艺复杂，
从选土练泥、踏熟泥团、制坯晾干、装窑点火、
文火熏烤、熄火窨水到出窑磨光，往往需要一年半时间。
因其质地坚密，敲之若金属般铿然有声，故名金砖。

三月

MAR

12

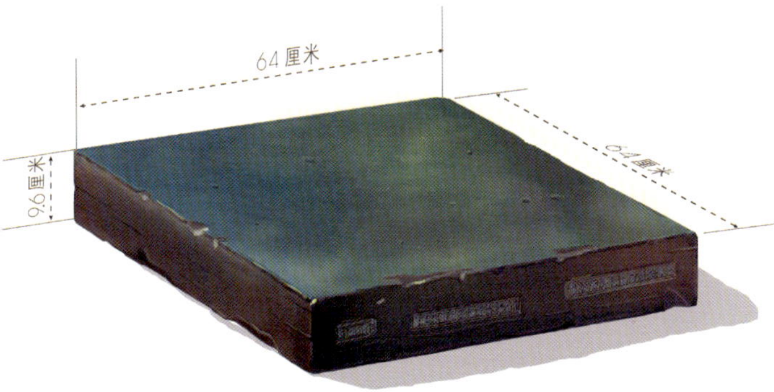

咸豐貳年成造細料貳尺見方金磚

江南蘇州府知府鍾殿選照磨周存頡管造

大二甲

窑户曹履中造

中和殿

中和殿平面呈正方形，屋顶为单檐四角攒尖顶。明清两代，在太和殿举行大典前，皇帝先在中和殿小憩，并接受执事官员的朝拜。

三月

MAR

13

中和殿 中心点

中和殿名称取自《礼记》，『中也者，天下之本也；和也者，天下之道也』，意在推崇中庸之道。

三月

MAR

14

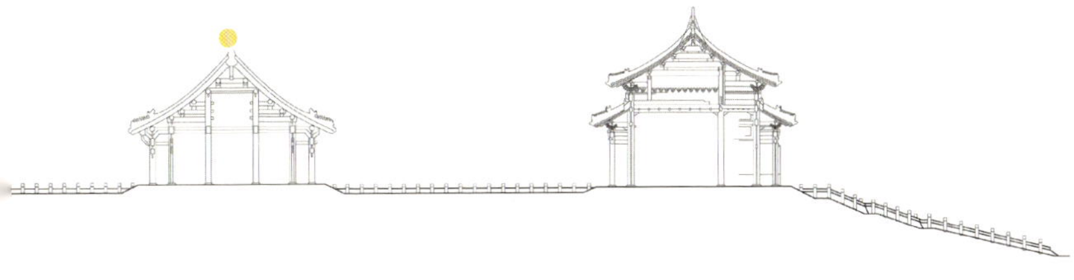

中和殿 宝顶

中和殿宝顶铜胎鎏金，通高三米多，金碧辉煌。传说当清早的阳光照射在中和殿的宝顶上时，反射的金光会落在宫外正东方向灯市口二郎庙中的二郎神像上，形成『燕京小八景』中的『回光返照』。

三月

MAR

15

中和殿 宝顶结构

中和殿宝顶由三部分组成，上为铜制鎏金顶珠，下面是铜制鎏金基座，再下是琉璃基座。

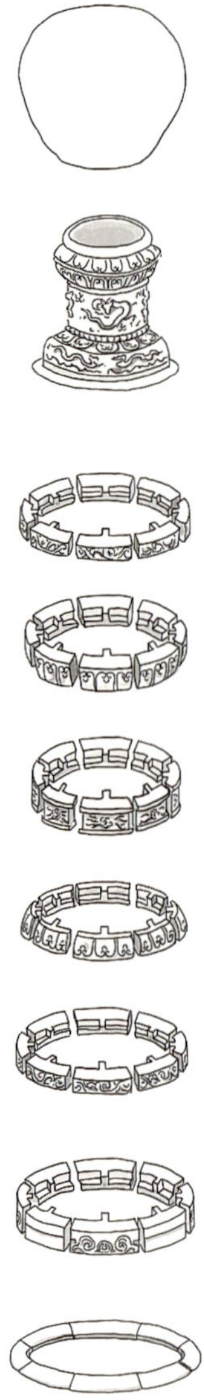

三月

MAR

16

铜制鎏金顶珠

铜制鎏金基座

上枋

上枭

束腰

下枭

下枋

圭角

压当条

保和殿

保和殿在建筑上采用了『减柱造』做法，使空间更加宽敞。自乾隆朝开始，便在此举行科举殿试。

三月

MAR

17

中和殿 肩舆

中和殿内现陈列有御用八人抬肩舆。每逢太和殿大典，皇帝都要乘肩舆从乾清门来到中和殿。

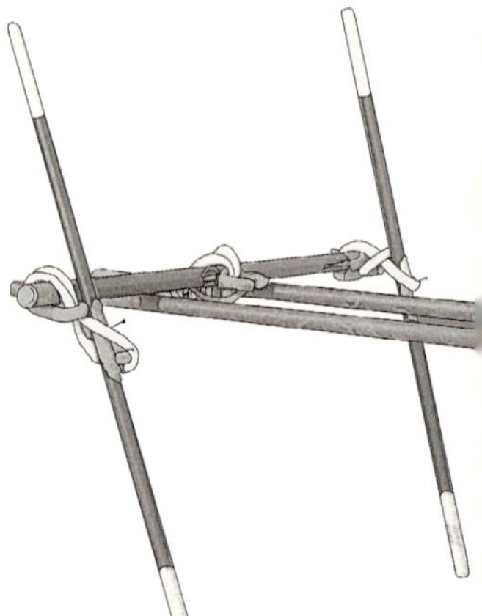

三月

MAR

18

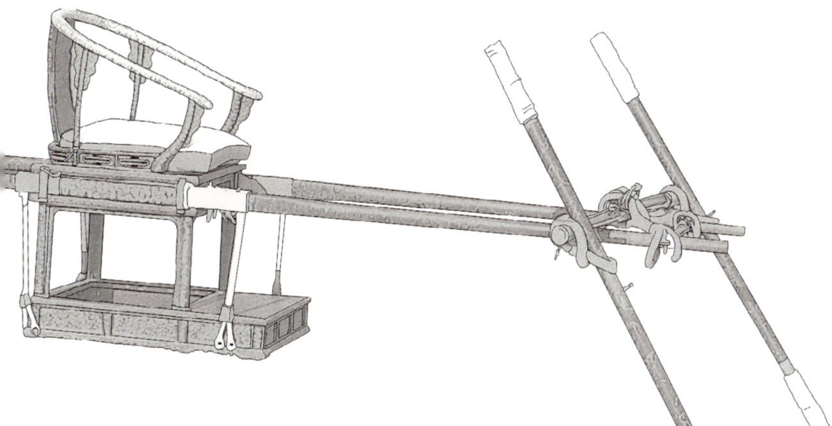

保和殿 殿试

清代自乾隆朝开始，殿试在保和殿举行，由皇帝亲自命题并主持考试，是科举制度中最高级别的考试。

三月

MAR

19

三层高台

三大殿的石台基，层叠三重，地面台高八米多，埋深达七米以上，面积两万五千多平方米，三层高台平面呈『土』字形，五行土居中，象征王土居中。

三月

MAR

20

千龙吐水

三大殿的三层台基栏杆底部安装有排水石雕螭首，每逢大雨，即现千龙吐水祥瑞景象，寓意深远，气势磅礴。

三月

MAR

21

栏板 望柱

三大殿高台上设有数量众多、纹饰精美的栏板、望柱，细细数来，栏板总计一千四百一十四块，望柱总计一千四百六十根。望柱上雕刻生动华美的祥云龙凤图案。

三月

MAR

22

云龙大石雕

保和殿后的云龙大石雕，长十六米多，宽三米，厚将近两米。清代乾隆帝命人凿去明代原有雕饰，重新雕刻，保留至今。由此推断，石雕所使用的原材当不止二百吨。

三月

MAR

23

乾清门广场

乾清门广场在保和殿后，东西二百米，南北五十米，中间最窄处仅约三十米。

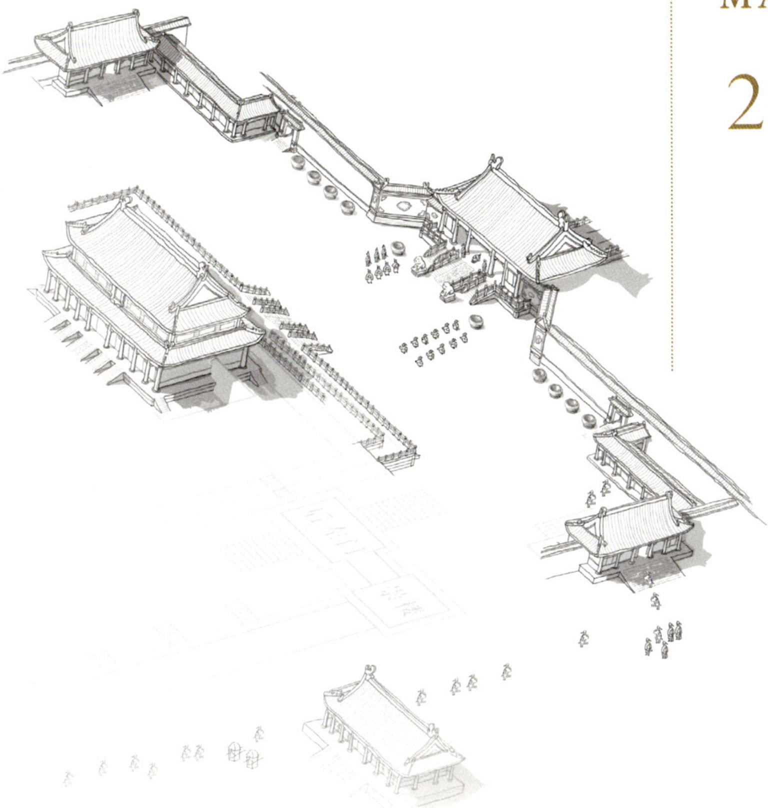

三月

MAR

24

回望三大殿

后宫建筑群都较低矮，
站在保和殿后八米多的高台上鸟瞰后宫，
眼前内廷殿宇如连绵起伏的金黄波涛，
明明一览无余，却又什么都看不见，
关键就在乾清门广场这短短的三十米。

三月

MAR

25

乾清门广场

乾清门广场是前朝与后寝的分野。

清代皇帝在前朝处理『国事』，在后寝处理『家事』，换言之这里是『国』与『家』的交界。前朝大臣、后宫内侍，除非得到皇帝恩准，否则一生也走不过这一界线。

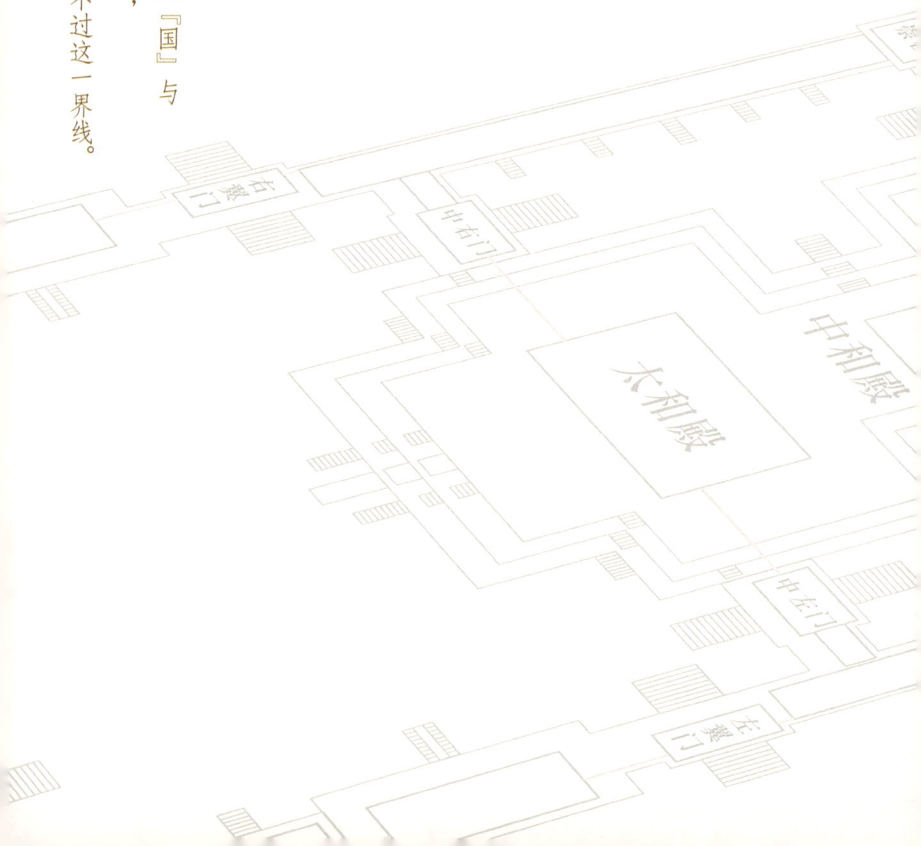

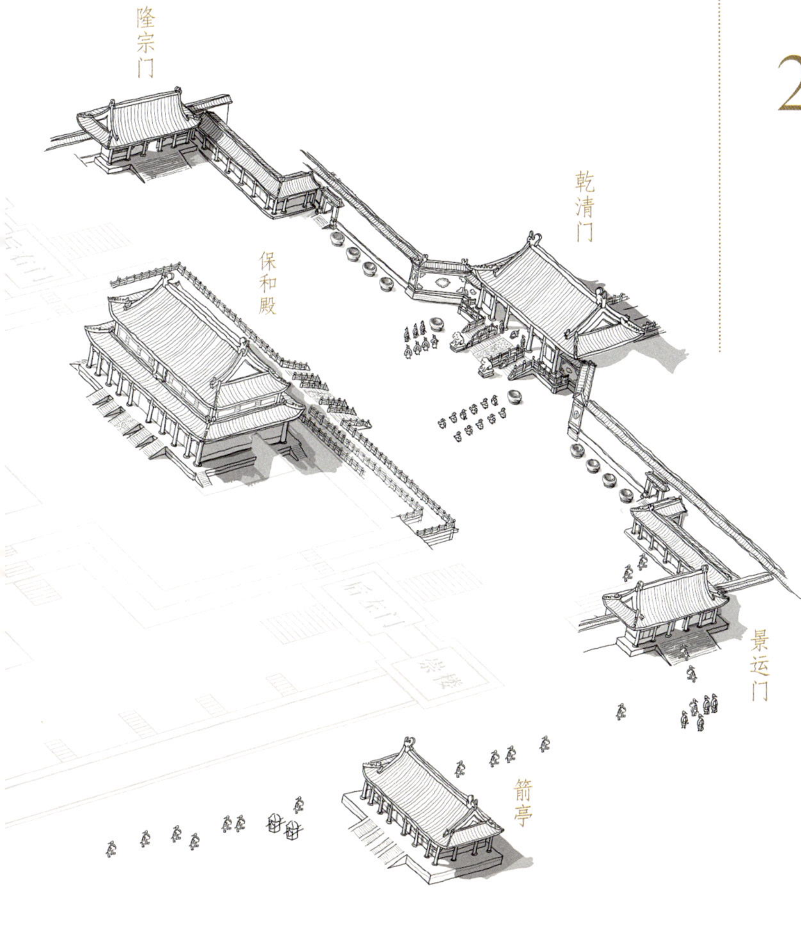

三月

MAR

26

乾清门

乾清门规格比三大殿的正门太和门略低，形制虽小，却最精致。门前设铜鎏金狮子一对。

三月

MAR

27

乾清门 御门听政

明朝规定文武官员每天拂晓到奉天门（太和门）早朝，称为『御门听政』。清朝沿袭明朝『御门听政』制度，地点则移至乾清门。

三月

MAR

28

乾清门 琉璃花

乾清门两侧设有八字琉璃影壁，壁心盒子和岔角雕饰有精美的琉璃花卉。

三月

MAR

29

隆宗门

隆宗门位于乾清门广场西侧，门内北侧为军机处值房，门外正西为慈宁宫区。此门是联结内廷与外朝西路及去往西苑的重要通道，非奏事待旨及宣召，即使王公大臣也不许私入。

三月

MAR

30

隆宗门 箭镞

嘉庆时期，『天理教』教徒攻进紫禁城，与清军在隆宗门外展开激战。在事变平息后，嘉庆皇帝下令将箭镞留在隆宗门的门匾上，作为警示。直至今天，我们仍能看到隆宗门门匾上的箭镞。

三月

MAR

31

四月

APRIL

前朝

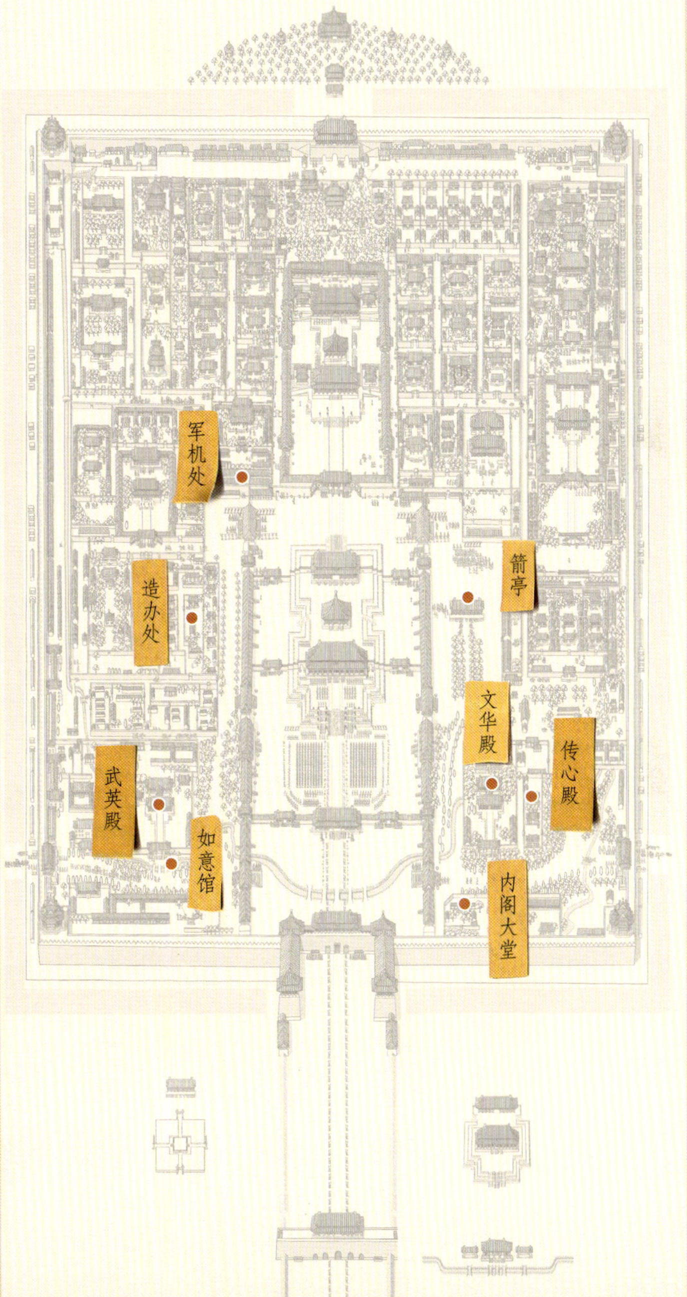

军机处
造办处
箭亭
文华殿
传心殿
武英殿
如意馆
内阁大堂

内阁

明代内阁是皇帝咨政机构，永乐朝中期以后，内阁职权逐渐增大，后成为明代行政中枢。

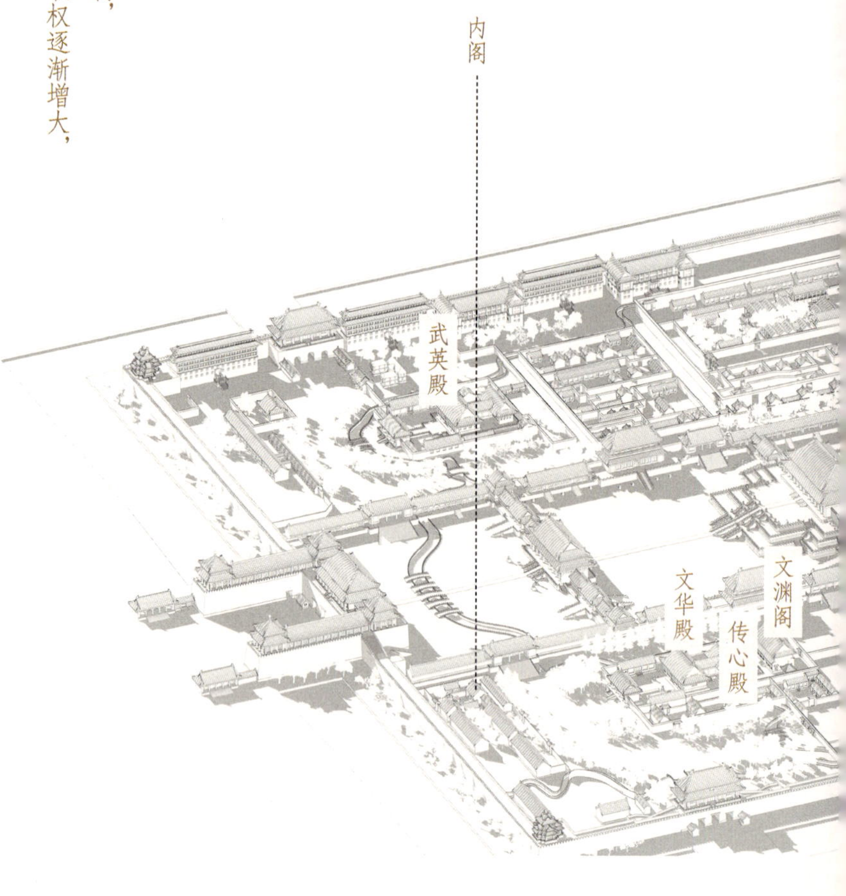

四月

APR

1

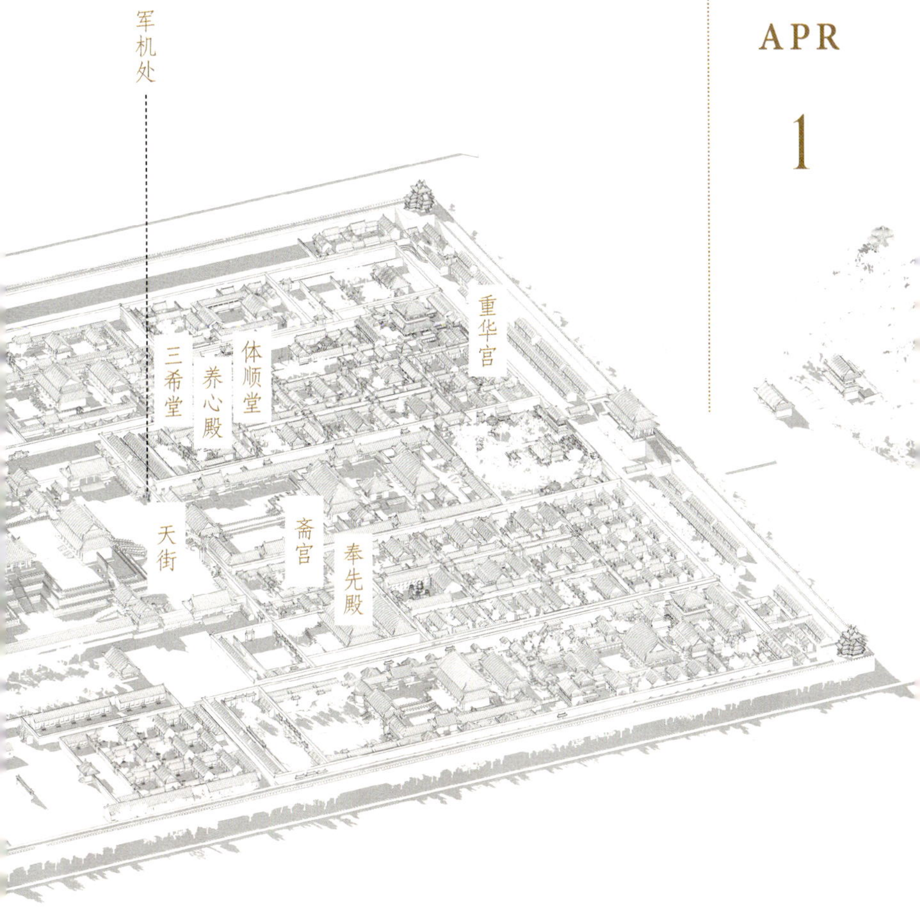

内阁大学士

明太祖废丞相，以大学士作为顾问，后来以大学士为内阁长官，起草政令、批答奏章。内阁长官官品虽低却握宰相之权。清代大学士的品级虽然提高了，职权却被削弱了。

解缙

杨士奇

商辂

四月

APR

2

李东阳

严嵩

张居正

敕命

敕命是皇帝任官封爵和告诫臣僚的文书。

这份《明孝宗皇帝弘治敕命》现藏于日本东京大学，内容为敕封南京广西道监察御史王钦父母的敕令。

这份敕命由内阁草议进呈，审署复议后，才传达给下级部门依章实施。

光益享桑榆之樂
勅曰母氏劬勞義實兼乎
教育朝廷寵數禮特重
于褒榮肆緣報本之心
誕示貤封之命亦惟有
德始稱厥名尒譚氏乃
南京廣西道監察御史
王欽之母惠朗知書温
恭守禮佐良人之儒業
行重鄉評成令子之才
名榮登臺憲顧慈齡之
未艾屬祿養之方隆揆
厥彝章可無褒寵茲特
封為孺人茂膺冠帔之
華永示家庭之式

弘治十八年八月二十日

四月

APR

3

奉
天承運
皇帝敕曰旌獎賢勞乃朝廷
之著典顯揚親德亦人
子之至情顧惟風紀之
臣具有嚴慈之慶肆推
褒寵實倍常倫爾王傯
乃南京廣西道監察御
史欽之父潔己自修與
人不苟負壯心于科第
獨抱遺經嚴義訓于家
庭遂成賢子憲臺奏績
名動班行命秩推恩光
生綸綍眷國章之伊始
見世業之有徵茲特封
為文林郎南京廣西道
監察御史逵曾林堅之

军机处

军机处是雍正帝一手创立的中央最高辅弼机构、凌驾于内阁之上。在一百八十多年中，一直与养心殿一起构成清王朝最紧密的权力中枢。

四月

APR

4

军机大臣

军机大臣入值内廷，参议大政，职掌中枢机要，佐皇帝庶政。

和珅在乾隆朝曾任军机大臣。

四月

APR

5

和珅

军机处 玳瑁眼镜

雍正朝时期，宫内的许多宫殿都备有眼镜。

雍正帝曾令造办处制作眼镜，并多次将眼镜颁赐给大臣。

军机处曾展出的一副玳瑁眼镜是清代皇帝赏赐给大臣之物。

四月

APR

6

军机处 灯笼

军机大臣每天凌晨四点就要上班，

八点左右要接受皇帝的传唤。

军机处曾展出的圆形角质灯笼，

反映当年军机大臣天没亮时就入值的工作制度。

四月

APR

7

左文右武

前朝按左文（文华殿）右武（武英殿）格局布置，象征着皇帝施政天下的左右手。

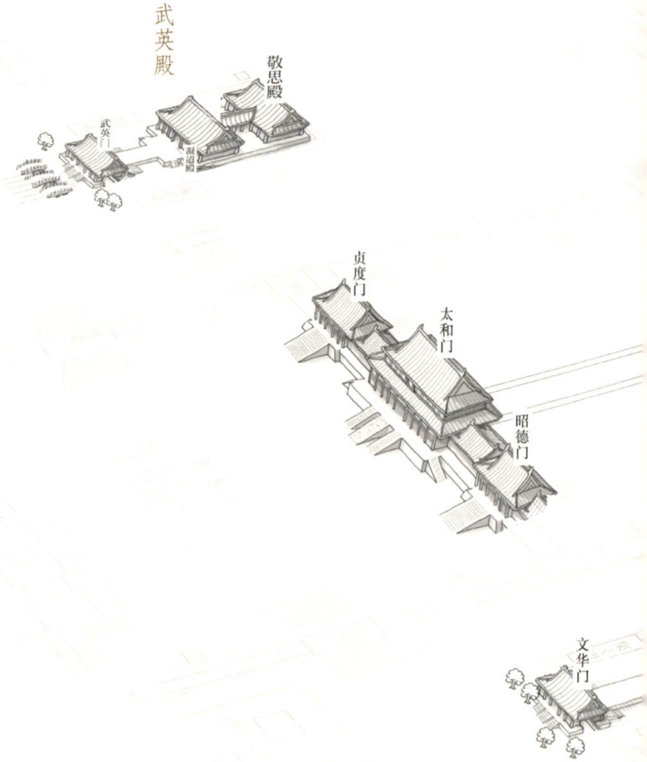

四月

APR

8

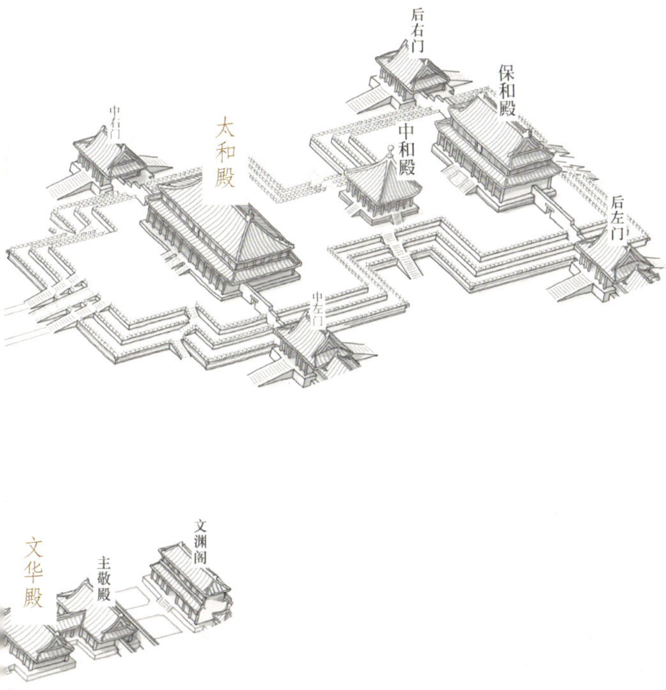

文华殿

文华殿因为离太子宫近，明代曾是太子办公的地方。明清两朝，皇帝都要在文华殿举行经筵之礼。

四月

APR

9

文华殿

明清两朝殿试阅卷工作也在文华殿进行。

四月

APR

10

主敬殿

文华殿 经筵进讲

经筵是帝王为讲论经史而特设的御前讲席。

这是明代文华殿举行经筵进讲时的情景。

四

月

APR

11

《帝鉴图说》

明代万历皇帝九岁即位，当时身为帝师的内阁首辅张居正将历代帝王治理天下的故事绘成图画并配上浅白解说，编成《帝鉴图说》，供小皇帝学习之用。

四月

APR

12

日本《大禹戒酒防微图》

画在日本京都御所御常御殿隔扇上的《大禹戒酒防微图》，主题明显是受到张居正《帝鉴图说》的影响。

四月

APR

13

文渊阁

文渊阁于清乾隆年间建成，形制仿浙江宁波范氏天一阁，是贮存《四库全书》的地方。

四月

APR

14

文渊阁 碑亭

文渊阁东侧有一座碑亭，盔顶黄琉璃瓦。亭内立有石碑，正面刻有乾隆帝撰写的《文渊阁记》，背面刻有文渊阁赐宴御制诗。

四月

APR

15

文渊阁 花脊

文渊阁正脊上有紫色琉璃龙起伏其间，并镶以白色线条的花琉璃作为浪花。寓意以水镇火，以保藏书楼的安全。

四月

APR

16

文渊阁《四库全书》

《四库全书》是中国古代体量最大的丛书，
内容涵盖了历史上几乎所有学术领域的著作。
编纂历时二十年，约八亿字，
全书共有二百多万页，
页页相连的话足可绕地球赤道一圈。

四月

APR

17

传心殿

传心殿是清代皇帝举行经筵进讲前行『祭告礼』之处。殿内南向供皇师伏羲、神农、轩辕，帝师尧、舜，王师禹、汤、周之文武；西向供先圣周公；东向供先师孔子。

四月

APR

18

大庖井

传心殿院中的大庖井，水味独甘，甲于别井，有『玉泉第一，大庖井第二』之称。清代每年十月在大庖井前祭司井之神。

四月

APR

19

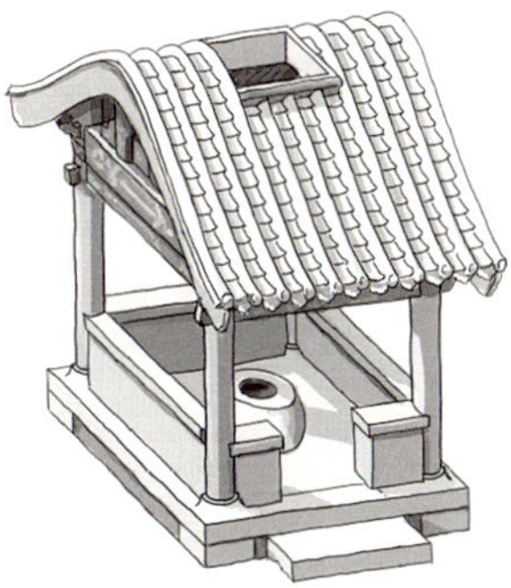

武英殿

武英殿是清代最重要的皇家修书处，存放于文渊阁的《古今图书集成》及《四库全书总目》就是在这里编印的。

四月

APR

20

武英殿

乾隆朝以后，武英殿便作为专司校勘、刻印经史子集各书之处。据统计，从清初顺治朝到清末宣统朝，内府书籍合计共编修了五百四十四种，五万八千五百余卷。

四月

APR

21

武英殿 聚珍版

『聚珍版』设于康熙时期，是清代著名殿本书，专指清内务府武英殿所刻印的书籍，初用铜活字，后来改用木活字。

四月

APR

22

御製武英殿聚珍版

断虹桥 狮子

断虹桥据称建于明朝早期，也有专家认为是元代遗构。桥面铺砌汉白玉石，栏板雕穿花龙纹图案，望柱上蹲着小石狮，造型各不相同。

四
月

APR

23

断虹桥　靠山兽

断虹桥的坐兽称为『靠山兽』，靠山兽的功能相当于抱鼓石，一般应用在园林中石桥的两端。

四月

APR

24

箭亭

箭亭及亭前广场是清朝皇帝及其子孙练习骑马射箭之所。

箭亭广场宽敞开阔，也是殿试时考察武进士技能之处。

四月

APR

25

箭亭 下马必亡

箭亭内有石碑，碑上刻有乾隆皇帝告诫子孙的话：『衣服语言，悉遵旧制，时时练习骑射，不效汉俗。』乾隆皇帝自己也勤练骑射本领，《乾隆皇帝一箭双鹿图》便是绘乾隆皇帝狩猎时一箭击中双鹿的场景。

四月

APR

26

造办处

造办处是负责制造宫内各种物品的机构。造办处汇集了许多技艺精湛的能工巧匠，宫中无数优秀的工艺品都出自他们之手。

四月

APR

27

如意馆

最初设立于武英殿北侧的如意馆，是宫中画师作画之处，郎世宁、艾启蒙等西洋画家都曾供职于此。光绪年间如意馆移至北五所。

四月

APR

28

钦天监

钦天监相当于中国古代国家天文台，承担着观察天象、颁布历法的重任。清代早期，钦天监监正（相当于天文台台长）都是由外国人担任，最著名的有汤若望、南怀仁。

中国浑仪

四月

APR

29

钦天监 天命与天空

传统中国文化对『天』的了解，分为『天命』和『天文』两个方向。但无论是天命还是天文，都与国家命运有着紧密联系。

西方黄道浑天仪

四月

APR

30

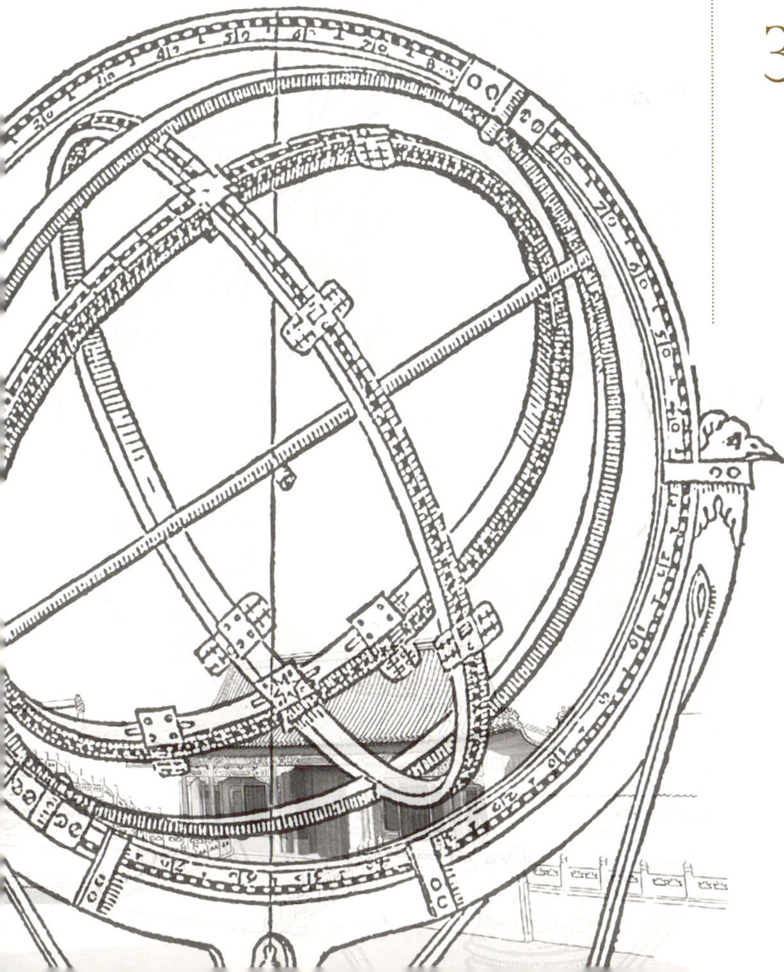

五月

MAY

后寝

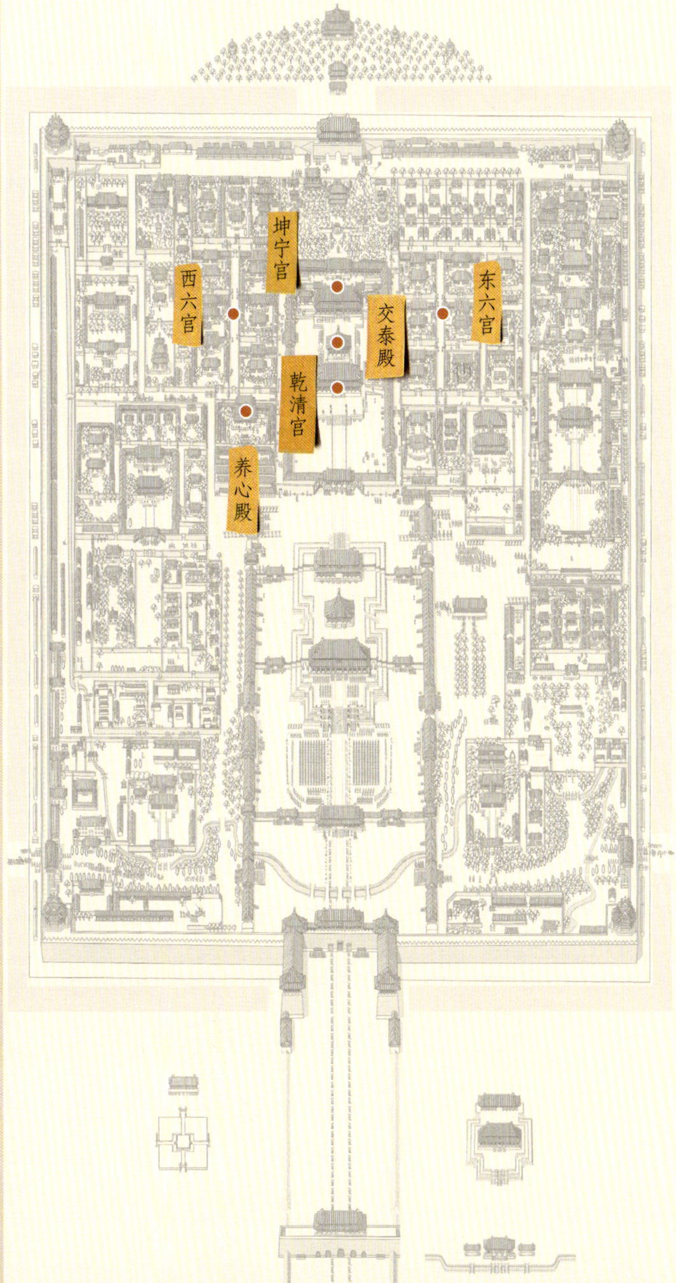
坤宁宫
西六宫
交泰殿
东六宫
乾清宫
养心殿

后寝

后寝是皇帝和他的家人生活的地方，核心为后三宫及分布在左右的东、西六宫。外西路有皇太后、太妃们居住的慈宁宫区，外东路是太上皇宫宁寿宫区。

五月

MAY

1

劳动节

Labour Day

后寝布局

东、西六宫是明清两代皇帝嫔妃居住和生活的宫区，门户及长街都均衡对称地分布在后寝帝、后寝宫两侧，配合传统数理的十二地支之数，拱卫中路乾清宫、坤宁宫。

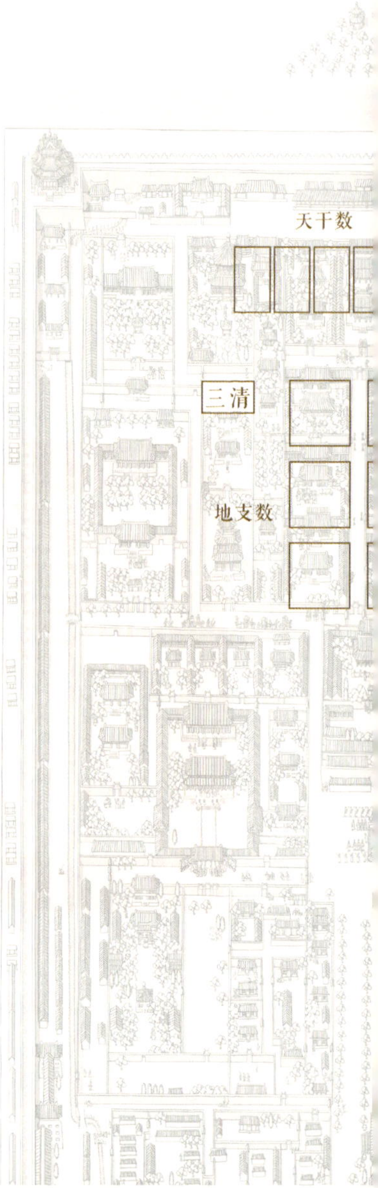

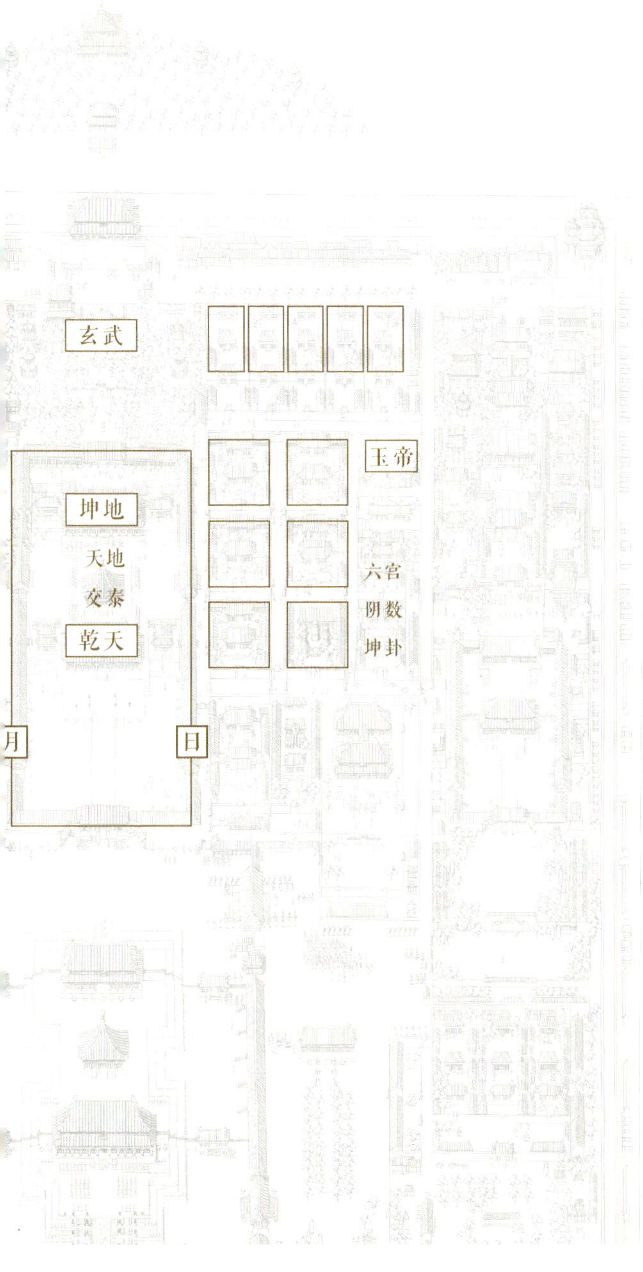

五月

MAY

2

后三宫 小社区

环绕着后三宫的廊庑，为皇帝和后妃供应日常生活所需要的一切，这里配套齐全，如同一个小社区。

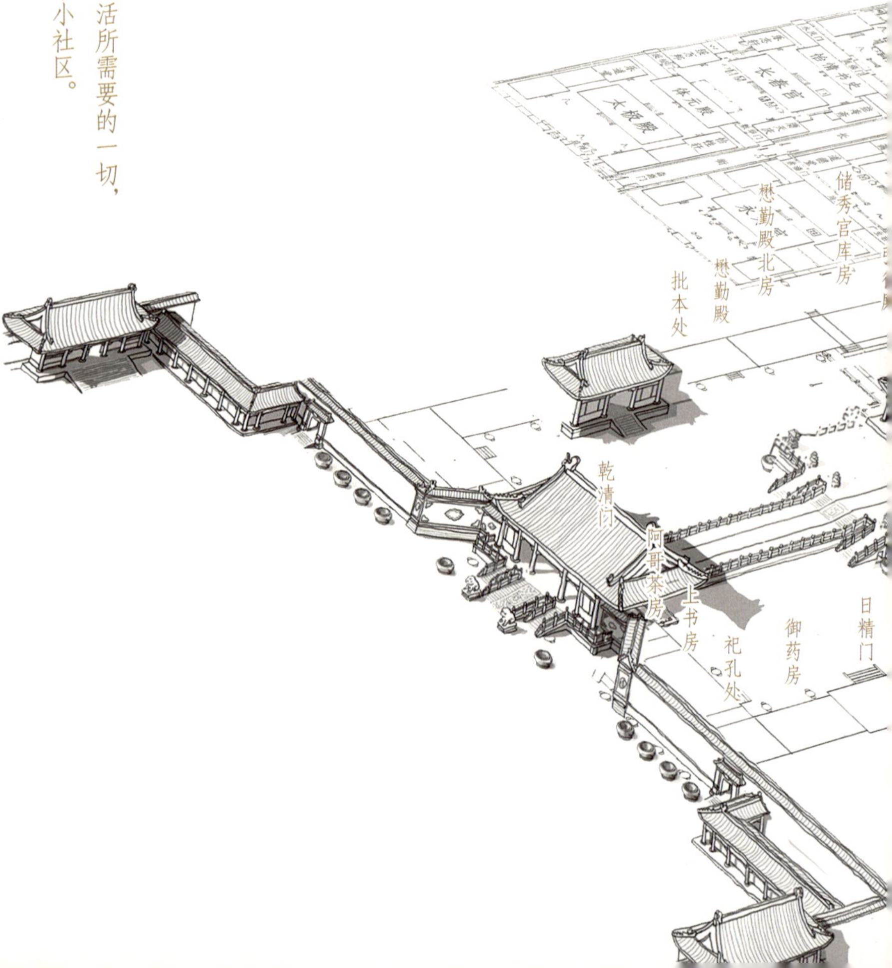

五月

MAY

3

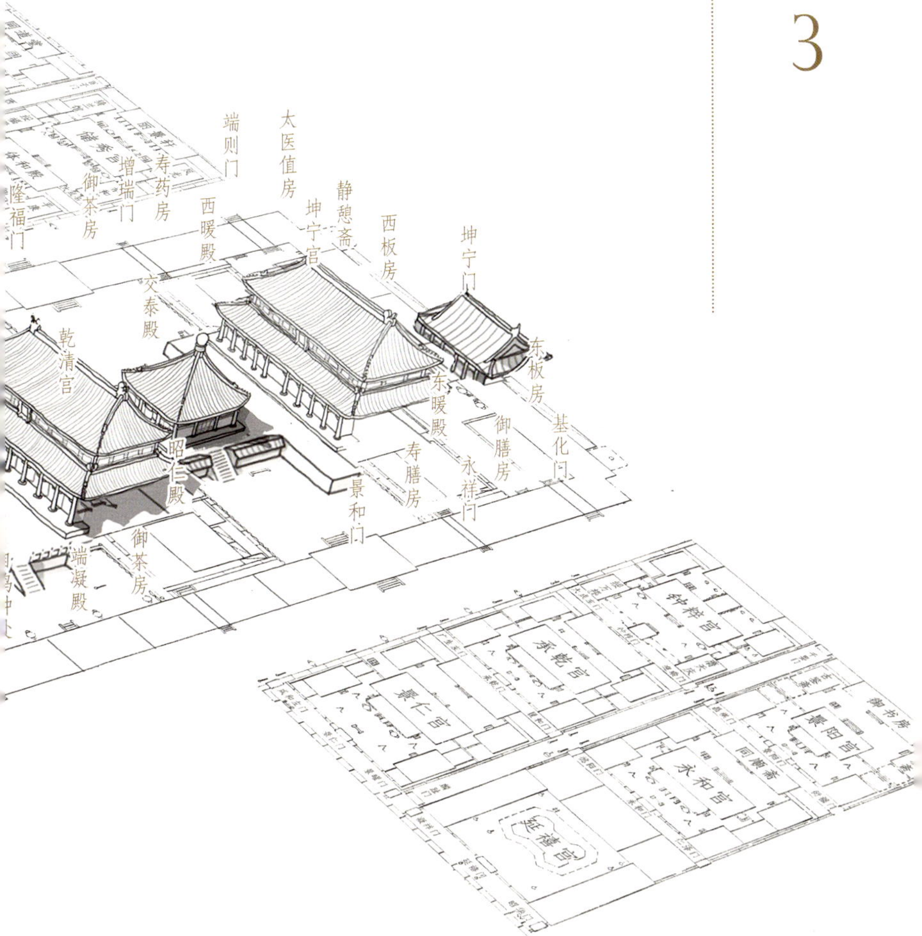
端则门
太医值房
隆福门
御茶房
增瑞门
寿药房
西暖殿
坤宁宫
静憩斋
西板房
坤宁门
交泰殿
乾清宫
东板房
东暖殿
御膳房
基化门
昭仁殿
寿膳房
永祥门
景和门
御茶房
端凝殿
钟粹宫
承乾宫
景仁宫
景阳宫
永和宫
延禧宫
同顺斋
御书房

乾清宫

乾清宫坐落在单层汉白玉台基上，重檐庑殿顶。丹陛从台基正中伸出，连接高台甬路，与乾清门相连。乾清宫东西两侧有耳殿，昭仁殿为东耳殿，清朝康熙帝曾在此居住，乾隆朝时改为皇帝的御用藏书处；弘德殿为西耳殿，是皇帝传膳之处。

五月

MAY

4

乾清宫

明朝有十四位皇帝、清朝有两位皇帝曾在此居住。此处也是清朝皇帝停灵、暂厝梓宫之处。清雍正帝之后，乾清宫也是皇帝召见廷臣、处理政务、批阅奏章、接见外藩属国陪臣、岁时受贺、举办筵宴的场所。

五月

MAY

5

乾清宫 正大光明

雍正帝创立秘密立储制，建储匣就存放在乾清宫『正大光明』匾后面。皇帝死后，取出密旨，在王公大臣的见证下，宣布秘密指定的皇子即位。乾隆、嘉庆、道光、咸丰四位皇帝便是通过秘密立储制继位的。

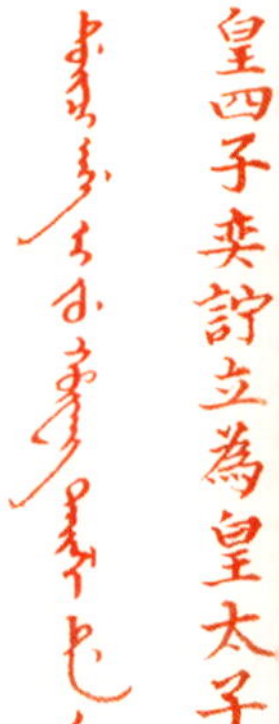

五月

MAY

6

大正

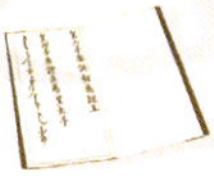

皇六子奕訢封為親王

嘉庆帝

道光帝

咸丰帝

交泰殿

交泰殿平面为正方形，四面明间开门。

单檐四角攒尖顶，铜镀金宝顶。

五月

MAY

7

交泰殿 铜壶滴漏

交泰殿的铜壶滴漏于清嘉庆四年（1799）由清宫造办处制作。漏壶由五个铜壶组成，壶口间有龙头玉管向下滴水，最下端的『受水壶』壶盖上的『刻漏箭』会随滴水而涨浮，依次显示刻度，通过观察刻度而读出时间。但因当时清宫已使用机械钟表计时，故此件铜壶滴漏只是陈设礼器。

五月

MAY

8

交泰殿 二十五宝

交泰殿存放着清朝皇帝行使权力的各种印玺，共有二十五颗，统称为『二十五宝』。

五月

MAY

9

坤宁宫

坤宁宫在明代为皇后居住的地方。清代做了更改，东暖阁（东二间）是皇帝大婚时的洞房，明间（中四间）为萨满教祭神的场所。

五月

MAY

10

坤宁宫

经清朝的改建，坤宁宫增添了许多满族元素。坤宁宫前东侧立有索伦杆，为祭天所用。东次间开双扇板门，棂花槅扇窗均改为直棂吊搭式窗。室内东侧两间隔出为暖阁，作为居住的寝室，西侧四间设南、北、西三面炕，作为祭神的场所。后檐设锅灶，殿后立烟囱。

五月

MAY

11

坤宁宫 大婚

坤宁宫内东暖阁是皇帝大婚时的洞房，现在坤宁宫洞房内的陈设，仍保留着光绪帝大婚时的原状。

五月

MAY

12

坤宁宫 龙凤呈祥

清朝十二位皇帝只有顺治、康熙、同治和光绪四位皇帝举行过大婚典礼。至于溥仪，结婚时已经退位，所以他和婉容的婚礼已不能称为『大婚』了。

五月

MAY

13

东西六宫 标准宫院

东西六宫中的每座宫院基本上都是两进三合院式布局，长宽各五十米，面积约两千五百平方米。前院正殿面阔五间（除景阳宫、咸福宫为三间），黄琉璃瓦，歇山式顶。东西配殿为黄琉璃瓦，硬山式顶，面阔三间。各配井亭一座。

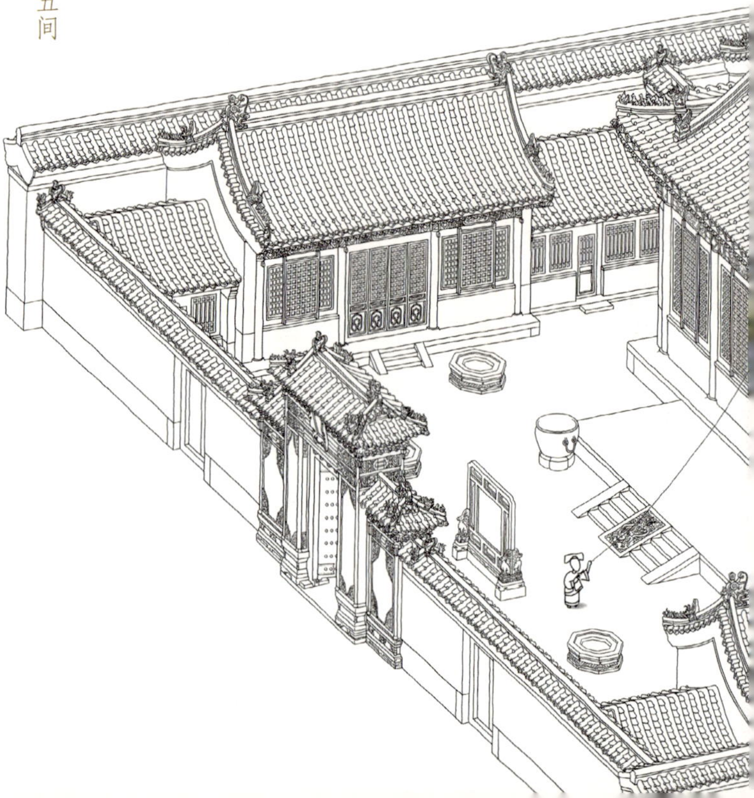

五月

MAY

14

东六宫

东六宫在乾清宫的东侧，分别为：景仁宫、延禧宫、承乾宫、永和宫、钟粹宫、景阳宫。

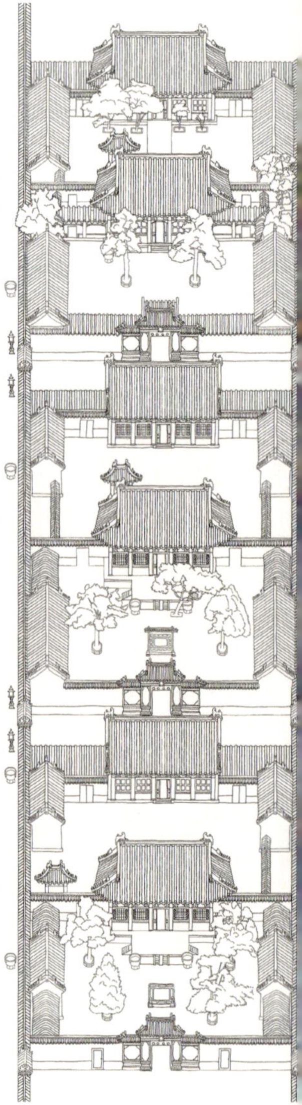

景阳宫

永和宫

延禧宫

五月

MAY

15

景仁宫

康熙帝生于景仁宫，乾隆帝的生母崇庆皇太后、光绪帝的珍妃也曾在景仁宫居住过。

五月

MAY

16

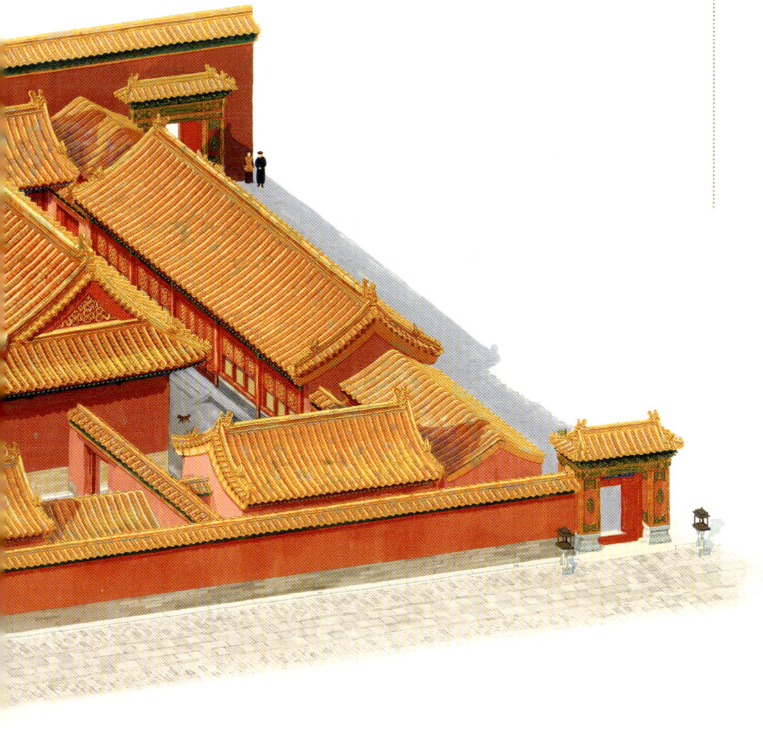

景仁宫宫训图 燕姞梦兰

景仁宫《燕姞梦兰》宫训图：

春秋时代郑文公的妾侍燕姞，

梦得兰花，后来生了穆公，取名为兰。

寓意女性美德：愿景。

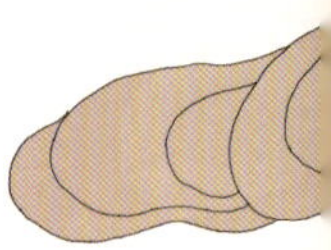

五月

MAY

17

延禧宫

延禧宫在历史上多次遭火灾焚毁又重建。宣统元年（1909），隆裕太后斥巨资兴建西洋式建筑灵沼轩，俗称『水晶宫』，但工程未能完成，清朝便灭亡了。

五月

MAY

18

国际博物馆日

International Museum Day

延禧宫宫训图 曹后重农

延禧宫《曹后重农》宫训图：

北宋仁宗皇后曹氏，在宫殿前后栽种五谷，亲自耕耘，且养蚕织布，为中国古代著名贤后。

寓意女性美德：勤劳。

五月

MAY

19

承乾宫

清顺治帝皇贵妃董鄂氏，道光帝孝全成皇后、琳贵妃、佳贵人，咸丰帝云嫔、婉贵人等都曾在承乾宫居住。

五月

MAY

20

承乾宫宫训图 徐妃直谏

承乾宫《徐妃直谏》宫训图：

唐太宗巡幸刚落成的玉华宫，

御前伴驾的徐惠认真地向他呈上奏疏，

希望皇帝不要穷兵黩武，停止大兴土木。

太宗皇帝读完后，重赏了徐惠。

寓意女性美德：忠直。

五月

MAY

21

永和宫

明代崇祯皇帝宠爱的田贵妃曾在永和宫居住。康熙帝妃嫔乌雅氏在永和宫生活了四十五年，并在此生下雍正帝。光绪帝瑾妃，在永和宫居住了三十五年。

五月

MAY

22

永和宫 翡翠玉白菜

翡翠玉白菜原陈设在永和宫，据说它是光绪帝瑾妃的嫁妆。现收藏于台北『故宫博物院』。

五月

MAY

23

永和宫宫训图 樊姬谏猎

永和宫《樊姬谏猎》宫训图：

春秋时楚庄王夫人樊姬为了劝谏庄王不要打猎而不吃肉。后楚王纳谏，勤于政事，三年后成就霸业。

寓意女性美德：劝谏。

五月

MAY

24

钟粹宫

明代的钟粹宫曾为太子宫，清代为后妃居所。清后期慈安太后迁居这里之后，增建了垂花门和抄手游廊。慈安太后在这里居住了二十七年。清咸丰帝幼年时在这里居住了十七年。隆裕太后在这里孤独居住了十九年。

五月

MAY

25

钟粹宫宫训图 许后奉案

钟粹宫《许后奉案》宫训图：

西汉宣帝的皇后许平君，受到太后恩宠，却并未恃宠而娇，依然恭敬伺候，且十分节俭。

寓意女性美德：尊老。

五月

MAY

26

景阳宫

明代的隆庆帝生母王氏（恭妃）在景阳宫屏居三十年。

清代将景阳宫改为藏书之所——御书房，乾隆帝在这里收藏古琴与字画。

五月

MAY

27

景阳宫宫训图 马后练衣

景阳宫《马后练衣》宫训图：

东汉光武帝马皇后自小做事干练成熟，做了皇后仍很朴素，衣服反复洗涤，破了也不肯换新的，受到大家敬重。

寓意女性美德：节俭。

五月

MAY

28

西六宫

西六宫在乾清宫的西侧，分别为：永寿宫、太极殿、翊坤宫、长春宫、储秀宫、咸福宫。

（晚清之后，对西六宫多有改造，打破了原有规整的空间格局。）

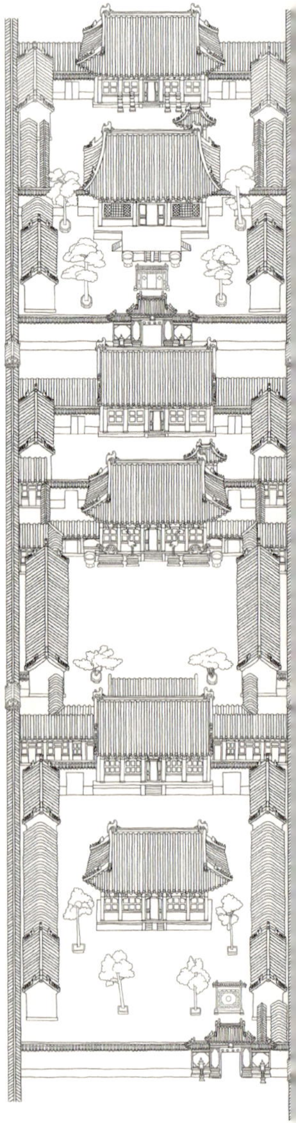

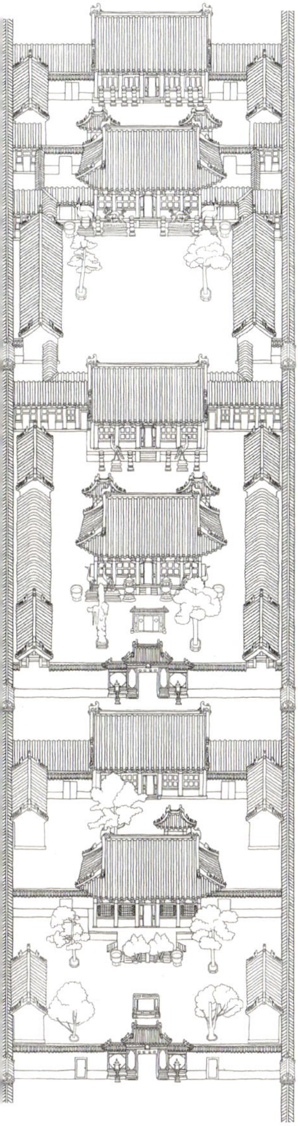

五月

MAY

29

永寿宫

明朝弘治帝生母纪宫人曾居于此。

三十三年不临朝的万历帝在永寿宫召见大臣。

崇祯帝因国内灾情屡屡出现，在此宫斋居。

五月

MAY

30

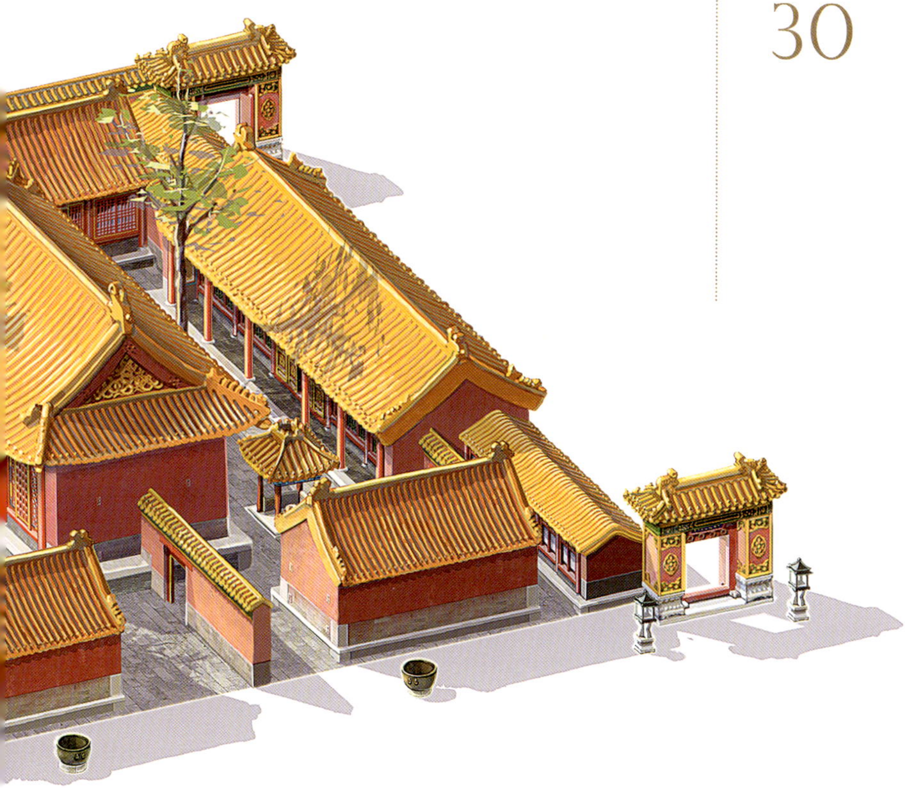

永寿宫宫训图 班姬辞辇

永寿宫《班姬辞辇》宫训图：

汉成帝宠爱班婕妤，命人造了一辆大车，打算与她同游，可班婕妤却拒绝了，更劝成帝说贤君身旁应该常伴名臣，终日和宠妃在一起的只会是亡国之君。

成帝深以为然，成帝母亲知道后也很高兴。

寓意女性美德：知礼。

五
月

MAY

31

六月

JUNE

后寝

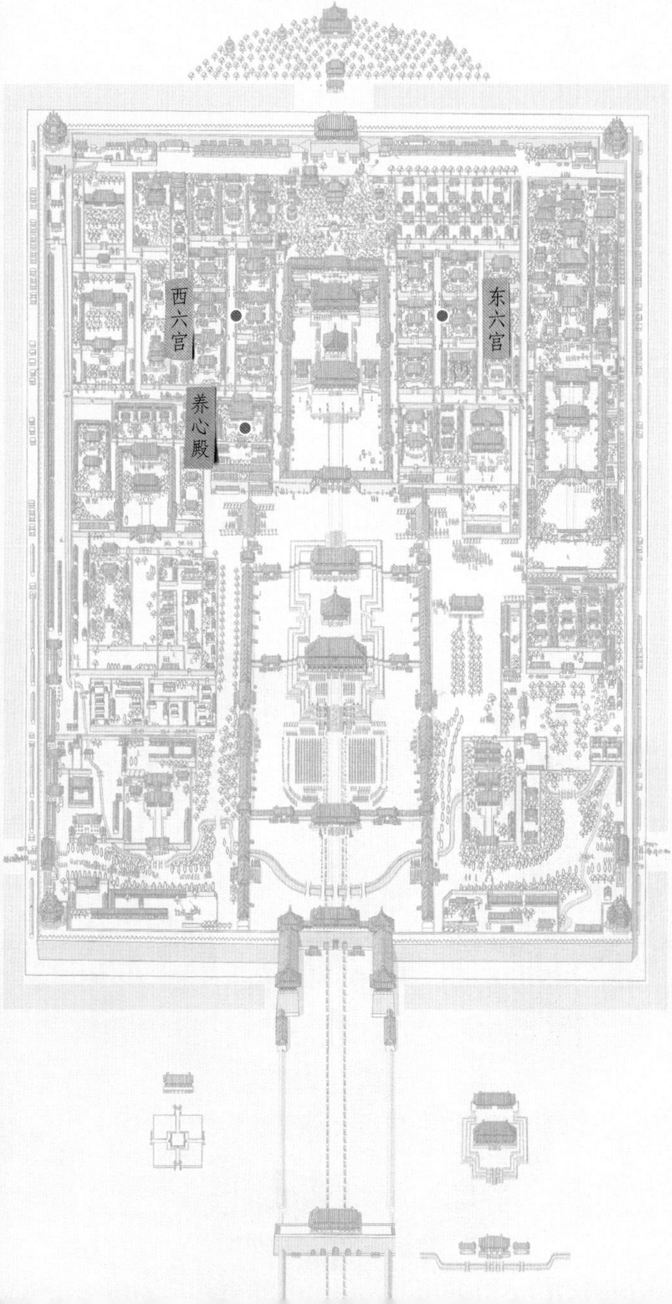
西六宫
东六宫
养心殿

太极殿 长春宫

晚清合并太极殿与长春宫，
是咸丰帝在紫禁城中留下的最大手笔，
也是慈禧太后将来打通翊坤宫与储秀宫的先作范例。

六月

JUN

1

长春宫 龙枕石

龙枕石有一个美丽的传说，
传说雨花阁上俯视长春宫院落的飞龙
来到长春宫庭前的铜缸里喝水，
喝完之后，就枕着庭中的一个石枕睡觉。

六月

JUN

2

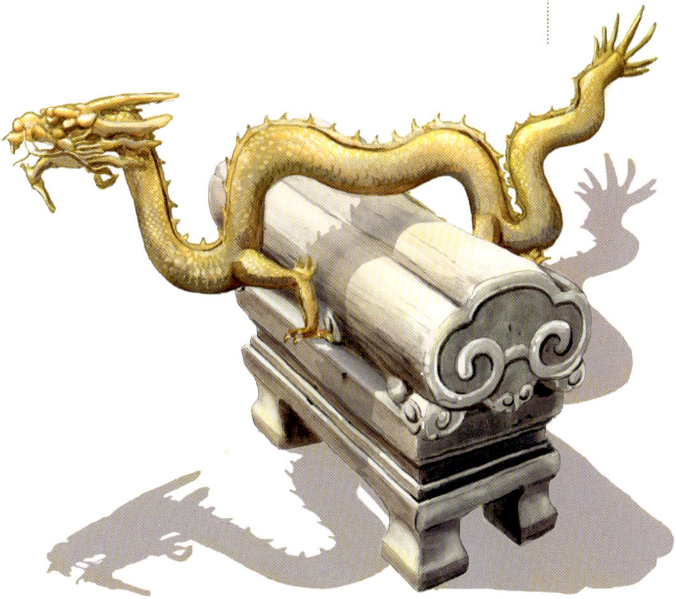

太极殿宫训图 姜后脱簪

太极殿《姜后脱簪》宫训图：
周宣王皇后姜氏，贤德自持。
有次宣王很晚还不起床，
姜后觉得宣王耽于逸乐是自己失德，
于是就摘掉簪饰自贬为平民，
站在长巷戴罪候罚。周宣王很惭愧，
此后勤于政事，终成周朝中兴君主。
寓意女性美德：相夫。

六月

JUN

3

长春宫宫训图 太姒诲子

长春宫《太姒诲子》宫训图：

太姒，周文王的正妃，周武王的母亲。太姒天生丽质，聪明淑贤，分忧国事，严教子女，尊上恤下，深得文王厚爱和臣下敬重，被人们尊称为『文』。

寓意女性美德：教子。

六月

JUN

4

翊坤宫 储秀宫

慈禧太后五十岁生日，花费六十三万两白银大规模整修储秀宫，将翊坤宫和储秀宫两座宫院打通，独享超过五千平方米的豪华空间。

六月

JUN

5

翊坤宫 铜凤铜龙

慈禧太后在翊坤宫、体和殿前放置铜凤一对，在储秀宫前放置戏珠铜龙一对，成为罕见的『凤龙』之局。

六月

JUN

6

储秀宫 室内

储秀宫内檐装饰精巧华丽，明间正中设屏风宝座，是慈禧太后受贺的地方，西梢间作为暖阁，是慈禧太后居住的寝室。

六月

JUN

7

储秀宫 七宝烧满堂富贵大瓶

储秀宫中陈列着一对七宝烧大瓶，宝瓶系十九世纪末由日本制造并作为国礼送给清朝皇帝的。瓶面用珐琅釉绘饰一对雉鸡及牡丹、海棠等花卉，组成寓意『满堂富贵』的吉祥图案。

六月

JUN

8

储秀宫 丽景轩

慈禧太后在储秀宫生下载淳，即后来的同治皇帝。

清逊帝溥仪曾在丽景轩举办西餐宴会。

六月

JUN

9

翊坤宫宫训图 昭容评诗

翊坤宫《昭容评诗》宫训图：

上官昭容，唐代女官、诗人、皇妃。

自幼善文，为武则天重用，有『巾帼宰相』之誉。

中宗时，在昆明湖评诗，见解精辟，传为佳话。

寓意女性美德：读书。

六月

JUN

10

储秀宫宫训图 西陵教蚕

储秀宫《西陵教蚕》宫训图：
嫘祖为西陵氏之女，轩辕黄帝的元妃，
相传她是中国养蚕取丝的创始者，
被誉为『嫘祖始蚕』。
寓意女性美德：创新。

六月

JUN

11

咸福宫

乾隆时期，咸福宫东室曰『琴德簃』，西室曰『画禅室』，东室藏有宋代与明代的古琴，西室收藏董其昌画禅室旧藏书画。

咸福宫在清代同治帝以后不再有人居住。

清末溥仪时，这里变成皮衣库房。

六月

JUN

12

咸福宫宫训图 婕妤挡熊

咸福宫《婕妤挡熊》宫训图：

西汉元帝某次观兽戏时，

有一只熊突然失控扑出，各人四下逃命，

只有冯婕妤勇敢地挡在元帝御座前。

熊最后被侍卫捕杀，

元帝自此对冯婕妤更加敬重。

寓意女性美德：勇敢。

六月

JUN

13

深深宫院

大内宫禁，皇家记载均讳莫如深，大事小事真假难分。除非红墙能言，又或脊兽私语，才能道出宫廷六百年的秘密。

六月

JUN

14

养心门外

养心门外是一处东西狭长的院落，这里是太监、侍卫及值班官员的值房所在地。

六月

JUN

15

养心门

养心殿前的养心门是一座琉璃门，门前陈设着一对铜鎏金小狮子。

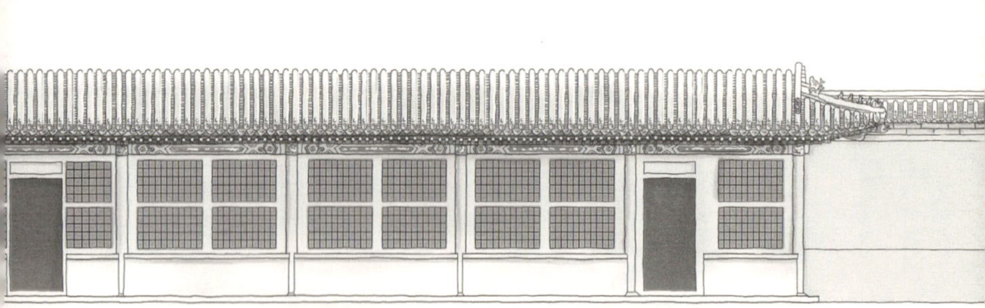

六月

JUN

16

养心门 玉璧

养心门前陈设着一块青玉璧，玉璧镶嵌在一个正反两面有八条龙的铜制屏座上，从璧孔中央向北望，恰好可以看到『养心门』的匾额。

六月

JUN

17

养心门内

绕过照壁是养心殿的正殿即前殿，整个院落分为前院（养心殿前殿）和后院（后寝殿）。南北长近六十米，东西宽近八十米，面积近五千平方米。

六月

JUN

18

养心殿

清代自雍正皇帝移居养心殿后，这里就成为清代皇帝日常居住、理政之所。一直到溥仪出宫，清代有八位皇帝先后居住在养心殿。

六月

JUN

19

养心殿 前殿

皇帝的宝座设在养心殿明间正中，
上悬『中正仁和』匾。
明间东侧曾经是慈禧、
慈安两太后垂帘听政处。
明间西侧分别是皇帝看阅奏折、
与大臣密谈的勤政亲贤殿，
以及乾隆皇帝的读书处——三希堂。

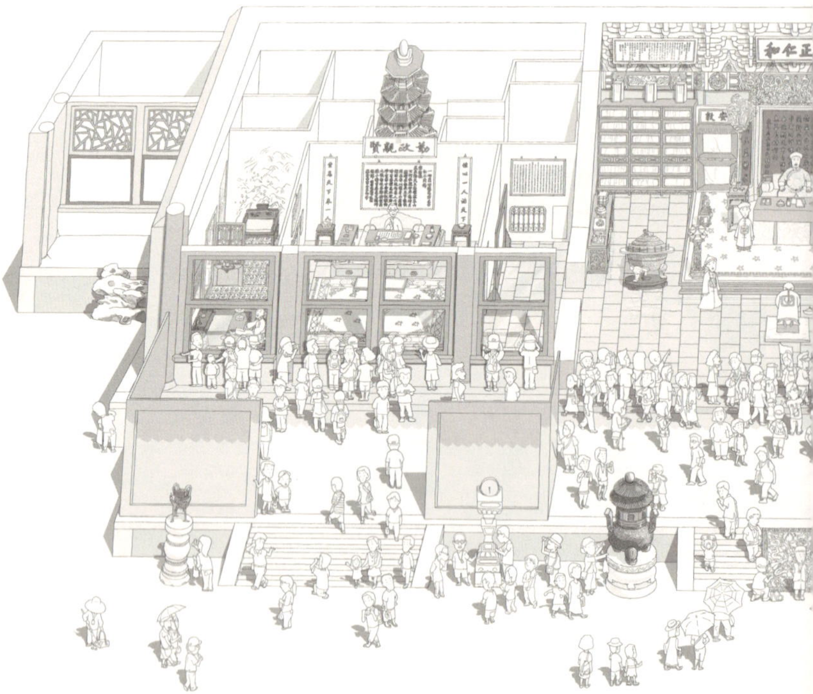

六月

JUN

20

养心殿 中正仁和

『中正仁和』匾是雍正帝所书，意思是说帝王要中庸正直、仁爱和谐。匾下设有皇帝的宝座。这里是皇帝召见朝臣、处理政务的地方。

六月

JUN

21

养心殿 垂帘听政

晚清时期，慈禧、慈安两太后在养心殿东暖阁『垂帘听政』。

六月

JUN

22

养心殿 明窗开笔

养心殿东暖阁西南部原有一个小间格，悬有『明窗』横额，自雍正朝始，每逢元旦子时皇帝在此『明窗开笔』、御书吉语，以祈一年之事顺政和。

六月

JUN

23

三陽啓泰萬象更新

嘉慶元年元旦良辰宜入新年萬事如意

和氣致祥豐年為瑞

养心殿 勤政亲贤

西暖阁原是康熙帝学习西洋知识的地方。

雍正帝迁入后在此处理政务，

在室外抱厦的柱子间安装了半截板墙，令环境变得相对隐蔽。

中间悬有『勤政亲贤』匾，

两旁对联『惟以一人治天下，岂为天下奉一人』为雍正帝御笔。

六月

JUN

24

雍正帝朱批奏折

雍正帝在位期间共处置各种题本十九万两千余件，

平均每年达一万四千七百件，

他在奏折中所写下的批语字数超过一千万。

雍正帝几乎每天都劳作到深夜，每天的睡眠还不够四个小时，

每年只有在他生日那天才休息。

六月

JUN

25

养心殿 为君难

雍正帝在位的十三年里，
命人刻了许多『为君难』印章。
他常盖在御览图书和珍藏书画上，
提醒自己不要忘了当皇帝的职责。

六月

JUN

26

养心殿 知道了

清代皇帝朱批奏折中出现频率最高的词就是『知道了』，表示皇帝对奏折的内容已经批阅过。雍正帝是清朝留下朱批最多的皇帝。

六月

JUN

27

知道了

养心殿 三希堂

三希堂是乾隆帝的小书房，面积约十二平方米，其中藏有三件稀世珍宝，分别是：王羲之《快雪时晴帖》、王献之《中秋帖》、王珣《伯远帖》。

六月

JUN

28

三希堂 壁瓶

三希堂共悬挂有十四个壁瓶，插的是宝石花。

清代又将它称为『轿瓶』，意思是可以挂在轿中的瓶子。

乾隆帝多次南巡，精美的壁瓶成为他在旅途中可以随行携带和欣赏的器物。

六月

JUN

29

养心殿 通景画

三希堂外间向东的墙壁上，画有一月洞门，画中的地面青花瓷砖与室内地砖相衔接，看起来像是从室内延伸进画中，似乎穿过月洞门又有一处花园。

六月

JUN

30

七月

JULY

后寝

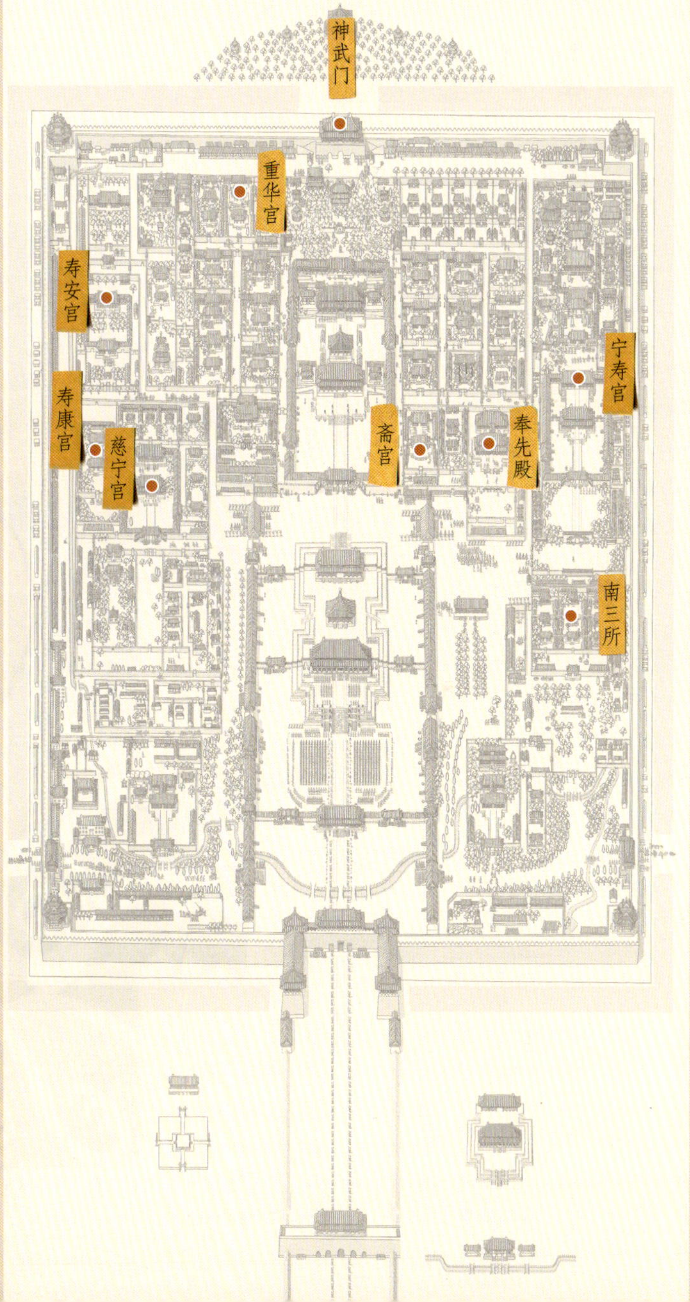
神武门
重华宫
寿安宫
宁寿宫
寿康宫
慈宁宫
斋宫
奉先殿
南三所

宁寿宫区 九龙壁

宁寿宫区皇极门外有一座单面琉璃影壁，影壁的设计以山崖奇石将九条蟠龙分隔于五个空间里。『九五』之制为天子之尊的重要体现。

七月

JUL

1

宁寿宫区 九龙壁木构件

九龙壁由琉璃砖拼成，

但其中却有一块是由木头雕刻而成的。

据说是工匠安装时不慎打碎其中一块，

急中生智用木头替代，而皇帝竟没有看出来。

七月

JUL

2

宁寿宫区 千叟宴

康乾盛世，国力强盛，康熙帝和乾隆帝在万寿庆典期间，举办过四次千叟宴，借此宣扬敬老思想，与民同乐、彰显盛世。宁寿宫区是乾隆帝举办千叟宴的场所。

七月

JUL

3

宁寿宫区 养性殿

养性殿是太上皇帝寝宫。光绪年间慈禧太后居住在乐寿堂时，曾在养性殿东暖阁进早、晚膳。

七月

JUL

4

宁寿宫区 养性殿日晷

与轴线上重要宫殿陈设的日晷相比，养性殿的日晷显得更为精致秀丽。

七月

JUL

5

畅音阁

畅音阁位于宁寿宫区东路南端，乾隆时期建成，是紫禁城中最大的戏楼。

七月

JUL

6

宁寿宫区 乐寿堂

乾隆皇帝计划以乐寿堂为退位后的寝宫。

慈禧太后曾在此居住，以乐寿堂西暖阁为寝室。

七月

JUL

7

密勒塔山
大禹治水

玉山背面铭文

宁寿宫区 乐寿堂大玉山

大禹治水图玉山，陈设在乐寿堂中，玉雕重达五千三百公斤，主题是大禹治水的故事。

七月

JUL

8

宁寿宫区 珍妃井

清光绪二十六年（1900）八国联军攻打京城，慈禧太后与光绪皇帝仓皇西逃。临行之前，慈禧太后命太监崔玉贵等人将珍妃推入贞顺门内井中溺死，此井因而得名『珍妃井』。

七月

JUL

9

慈宁宫 门匾

慈宁宫的匾额有三种文字，分别是汉文、满文、蒙古文。慈宁宫的第一任主人是孝庄皇太后，她是蒙古族人，带有蒙古文字的匾额应该是为太后而设。

七月

JUL

10

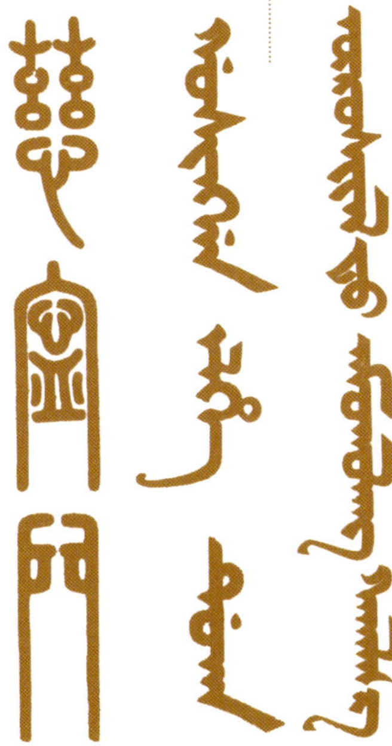

慈宁门 鎏金麒麟

慈宁门前陈设着一对鎏金铜麒麟，金碧辉煌。麒麟是仁兽，寓意『仁者寿』，将麒麟陈设在太后宫殿门口，有主祥瑞、长寿之意。

七月

JUL

11

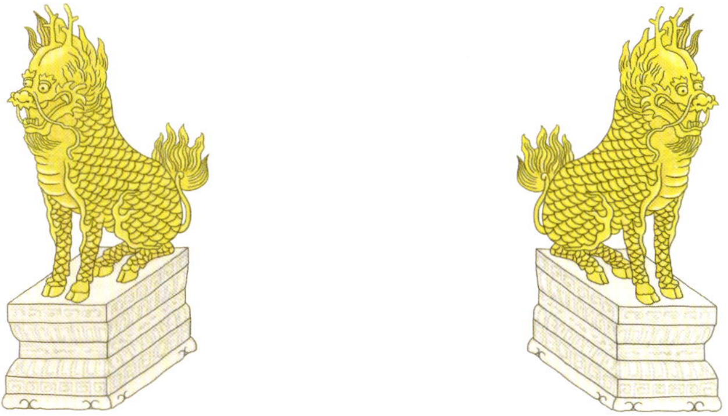

慈宁宫 乾隆帝与母亲

乾隆皇帝很孝敬生母崇庆皇太后，除平时定省问安，率后妃侍膳，每有出巡游幸，多奉皇太后同行。乾隆帝还曾在慈宁宫为母后举办了五旬、六旬、七旬、八旬四次『整寿』的大庆。

七月

JUL

12

寿康宫 梨花

乾隆皇帝继位之后，便为母亲营建了寿康宫。

寿康宫正殿前植有两棵梨树，

每年三月至四月，梨花会竞相盛放。

七月

JUL

13

寿康宫 如意

每遇节庆生日，皇帝都会向太后进献如意。崇庆皇太后去世后，内务府曾将寿康宫所藏的如意登记造册，发现如意多达一千五百九十二柄。

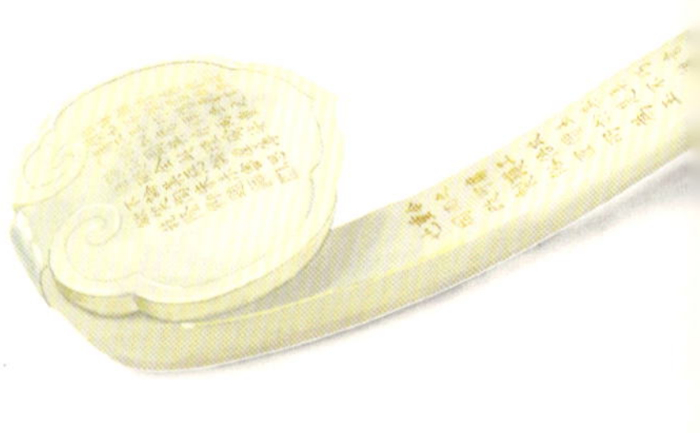

七月

JUL

14

寿康宫 金发塔

崇庆皇太后病逝后，乾隆帝即下诏制作金塔一座，安放在崇庆皇太后生前居住过的寿康宫东佛堂内，专盛皇太后御发。金发塔共用黄金三千多两，塔身嵌着珠宝，金碧辉煌。

七月

JUL

15

寿安宫 戏楼

崇庆皇太后六旬寿典时，乾隆帝临时在寿康宫搭戏台庆贺。十年后太后的七旬寿典时，正式建成三层戏台，后于嘉庆年间拆去。

七月

JUL

16

南三所

按阴阳五行，东方属木，青色，主生长，所以南三所覆绿琉璃瓦，皇子在此居住。嘉庆帝、道光帝、咸丰帝幼年曾在南三所居住。宣统年间，这里曾作为摄政王载沣的起居所。

七月

JUL

17

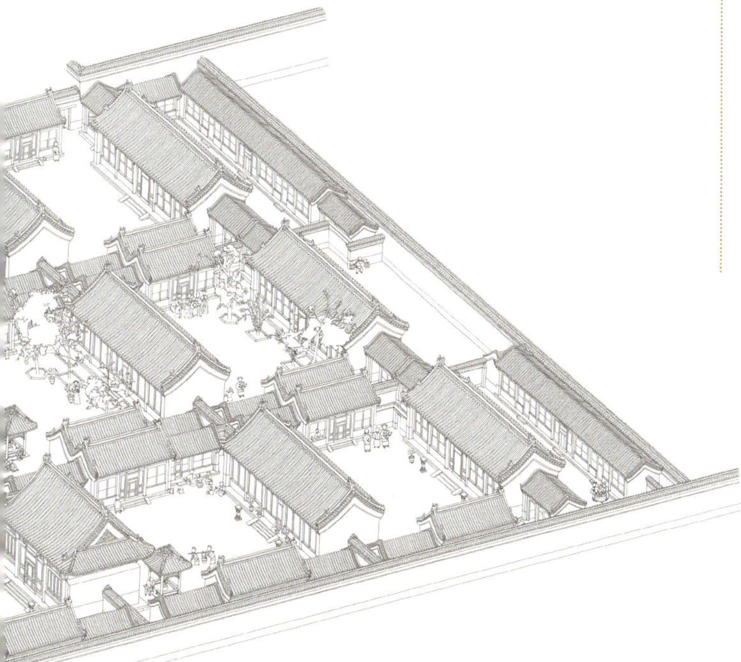

南三所　布老虎

同治帝六岁登基，光绪帝四岁登基，溥仪三岁登基，他们虽然贵为天子，但其实还是小孩子。为了哄皇帝开心，宫中造有许多小玩具。旧时在端午节期间，民间盛行给孩子们做布老虎。宫廷中的布老虎大小不一，老虎怒目而视，虎虎生威。

七月

JUL

18

重华宫 戏台

乾西二所是乾隆帝潜龙邸，乾隆帝即位后这里升格为重华宫，并增设戏台，每年新年皇帝在此宴请大臣，看戏赐茶。

七月

JUL

19

重华宫 茶宴

从乾隆年间开始，每年的正月初二至初十期间，皇帝在重华宫设茶宴，邀请大臣中善于吟诗作赋的人，大家欢聚在一起，品茗作诗。

七月

JUL

20

冰箱

炎热的夏天，清代皇帝、后妃已用上冰箱，吃『冰碗』。清代的冰箱，由『冰鉴』演变而来，箱体为木胎、铅里，外表面均采用掐丝珐琅工艺。这个精美的冰箱被溥仪带出宫，后在天津流入民间，直至一甲子后才由民间捐回故宫博物院。

七月

JUL

21

斋宫 斋戒铜人

斋宫是皇帝举行祭祀典礼前的斋戒之所。每于斋戒前期，由太常寺将斋戒铜人置于斋宫外门前。

七月

JUL

22

斋宫 斋戒牌

斋戒牌大小约四至九厘米，两面分饰汉及满文的『斋戒』二字，斋戒期间参与祭祀的人员必须佩戴，以提醒自己及他人保持恭肃的心。

七月

JUL

23

奉先殿 金漆龙纹宝座

奉先殿是明清皇室祭祀祖先的家庙。
这是一个特别的宝座，是清宫中供奉祖先神位的宝座。

七月

JUL

24

『钟表馆』写字人钟

写字人钟为铜镀金四层楼阁式，底层是写字机械人。

写字机械人为欧洲绅士貌，一手握毛笔。开启机关，写字人会在面前的纸上写下『八方向化，九土来王』八个汉字。

七月

JUL

25

『钟表馆』象驮四面表

象驮四面表由英国制造，大象背上背负着由四根立柱支撑起的方形钟楼，钟楼上部四面都镶嵌表盘，同时显示时间。钟楼前面的大象头上坐着一位阿拉伯装束的驭象人。

七月

JUL

26

神武门

神武门作为皇宫的北门，是宫内日常出入的重要门禁。

神武门旧设钟、鼓，每日黄昏后鸣钟一百零八响，鸣钟后敲鼓起更。其后每更打钟击鼓，启明时复鸣钟报晓。皇帝住宫内时则不鸣钟。

七月

JUL

27

神武门 溥仪出宫

1924年逊帝溥仪被逐出宫，出宫之时亦由神武门离去。

七月

JUL

28

神武门『故宫博物院』匾

清帝退位，前朝部分成立古物陈列所，后宫仍由逊帝溥仪居住。后来溥仪被驱逐出宫，后宫部分成立了故宫博物院，入口神武门处悬挂『故宫博物院』匾。尽管后来古物陈列所并入故宫博物院，但『故宫博物院』匾仍保留在神武门外。

七月

JUL

29

『故宫博物院』匾

1925年故宫博物院成立，李煜瀛写了第一块『故宫博物院』匾额，悬挂在神武门外。

1971年，李煜瀛题写的匾额被郭沫若所题匾额替代。

郭沫若题写

七月

JUL

30

李煜瀛题写

故宫博物院

神武门内 东西大房

神武门位于紫禁城城最北端，北方属水，主黑，所以神武门除了命名对应方位外，门内东西大房的屋顶也采用黑色琉璃瓦，以顺应五行相生相克之说。

七月

JUL

31

八月

AUGUST

皇帝

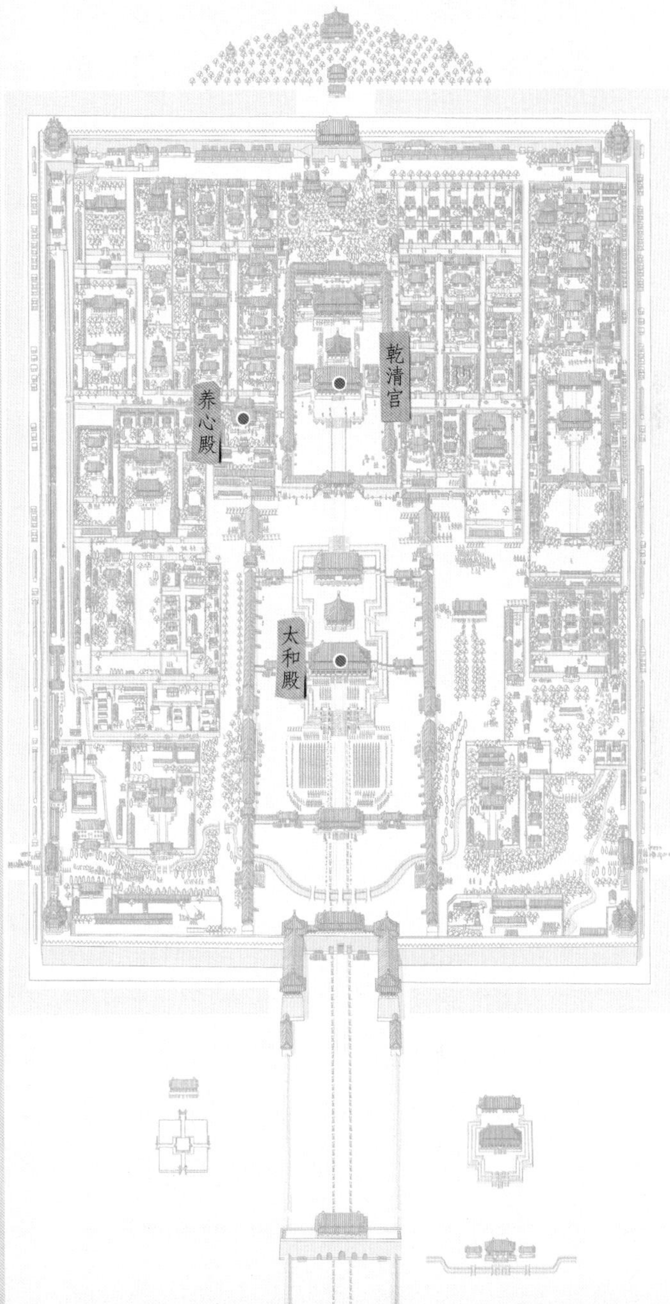
乾清宫
养心殿
太和殿

宝座

太和殿的宝座共有十三条金龙盘绕，
其中最大的一条正龙昂首立于椅背的中央。
明清共有二十四位皇帝是这张宝座的主人。

八月

AUG

1

洪武帝

明代的开国皇帝朱元璋，定都南京，并在中都和南京营建紫禁城，这便是北京紫禁城的建筑范本。

明太祖 朱元璋 洪武帝 1328–1398

八月

AUG

2

洪武开元

明太祖洪武帝出身贫寒，推翻元朝统治后建立明朝，开创洪武之治。

八月

AUG

3

永乐帝

明成祖永乐帝发动『靖难之役』，夺侄子建文帝的皇位，后迁都北京，营建北京紫禁城。

明成祖 朱棣 永乐帝 1360-1424

八月

AUG

4

永乐大帝

朱棣靖难三年，在位二十二年，其间：
使郑和六次下西洋（永乐三年起），
将安南纳入版图（永乐四年），
修成《永乐大典》（永乐六年），
修长陵（永乐五年至七年），
亲征鞑靼（永乐八年），
武当山营建工程（永乐十年起），
建报恩寺（永乐十年），
北征瓦剌（永乐十二年），
建西宫（永乐十四年），
每一项都是大手笔。

八月

AUG

5

永乐帝

洪熙皇帝

明仁宗洪熙帝身体肥胖，体弱多病，登基十个月便病死了。

八月

AUG

6

明仁宗 朱高炽 洪熙帝 1378-1425

宣德皇帝

明宣宗文武双全，也是历代帝王中艺术成就极高的皇帝之一。

宣宗喜欢斗蟋蟀，又有『促织天子』之称。

明宣宗 朱瞻基 宣德帝 1398-1435

八月

AUG

7

宣德青花蟋蟀罐残片复原

正统皇帝、天顺皇帝

明英宗出征瓦剌时被俘，弟代宗（景泰帝）被拥立继位，八年之后英宗复辟。这起兄弟相争的事件叫作『夺门之变』。

明英宗 朱祁镇 正统帝 天顺帝 1427–1464

八月

AUG

8

景泰皇帝

英宗出征被俘，景泰帝被拥立继位。英宗归来，被景泰帝软禁在南宫（今南池子一带）。后来英宗复辟，景泰帝被废为郕王软禁于西苑，不久死去。

明代宗 朱祁钰 景泰帝 1428–1457

八月

AUG

9

成化皇帝

明宪宗成化帝沉溺后宫，
宠幸比他大十九岁的万贵妃。

八月

AUG

10

明宪宗 朱见深 成化帝 1447–1487

弘治皇帝

明孝宗弘治帝出生时为躲避万贵妃的加害而藏在『夹道』里生活，直至五岁时才与父皇（成化帝）相认。

八月

AUG

11

明孝宗 朱祐樘 弘治帝 1470–1505

正德皇帝

明武宗正德帝是弘治帝的独生子，

他不愿住紫禁城，于是便在宫外修建了『豹房』。

他也曾御驾亲征，也常常离开皇宫四处游玩。

八月

AUG

12

明武宗 朱厚照 正德帝 1491–1521

嘉靖皇帝

明世宗嘉靖帝迷信方士，尊崇道教。因为虐待宫女，竟差点死于宫女之手。

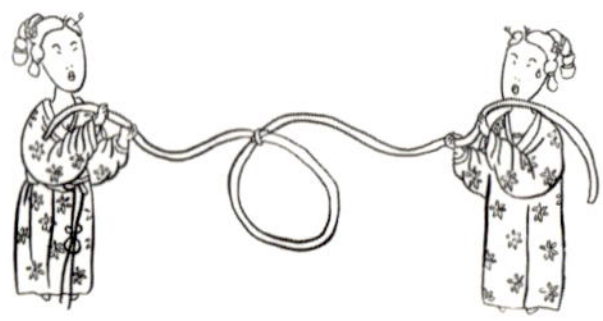

八月

AUG

13

明世宗 朱厚熜 嘉靖帝 1507–1566

隆庆皇帝

明穆宗隆庆帝在位仅六年，在位期间海禁得以重开。

封赏贡俺答（蒙古土默特部的首领），

结束了明朝与蒙古鞑靼各部近二百年兵戎相见的局面。

八月

AUG

14

明穆宗 朱载垕 隆庆帝 1537–1572

万历皇帝

明神宗万历帝因立太子之事与内阁争执长达十余年，最后索性三十三年不理朝政：

不庙、不朝、不见、不批、不讲、不郊。

八月

AUG

15

明神宗 朱翊钧 万历帝 1563-1620

泰昌皇帝

明光宗泰昌帝只做了三十天的皇帝，在位期间却大事迭生，前后有『红丸案』『梃击案』与『移宫案』，震惊朝野，是明朝走向衰亡的标志性事件。

八月

AUG

16

明光宗 朱常洛 泰昌帝 1582–1620

天启皇帝

明熹宗天启帝未接受过正规教育就当上了皇帝，后沉迷于当木匠。因其在位时魏忠贤擅权，致使朝政腐败。

八月

AUG

17

明熹宗 朱由校 天启帝 1605-1627

崇祯皇帝

明思宗崇祯帝在位时夜以继日地操劳政务，节俭自律，却仍然无法挽回大明江山，最终自缢于景山。

八月

AUG

18

明思宗 朱由检 崇祯帝 1611-1644

努尔哈齐 皇太极

清太祖努尔哈齐建立八旗制度，打下基础，子孙越过长城，入主中原。

皇太极建立了中国最后一个封建王朝——清朝。

清太祖 努尔哈齐 1559-1626

八月

AUG

19

清太宗 皇太极 1592–1643

顺治皇帝

顺治帝是清代入关后的第一位皇帝，也是清代紫禁城的第一位主人，后疑因染上天花而驾崩。

八月

AUG

20

清世祖 顺治帝 1638–1661

康熙皇帝

康熙帝在位六十一年，是中国历史上在位时间最长的皇帝。康熙帝勤奋好学，文武兼备，并积极将西学引入中国，为清代盛世奠定基础。

八月

AUG

21

清圣祖 康熙帝 1654–1722

康熙大帝

康熙帝八岁登基，十四岁亲政，在位六十一年间：

擒鳌拜（康熙八年），

平定三藩（至康熙二十年平定），

收复台湾（康熙二十二年），

亲征准噶尔（至康熙三十六年平定），

驱逐沙俄（康熙二十八年），

实现国土完整和统一。

八月

AUG

22

雍正皇帝

雍正帝在位十三年，很勤政，写下了千万字的奏折批复。为避免皇子间的帝位相争，他即位后便创立了『秘密建储』制度。

八月

AUG

23

清世宗 雍正帝 1678–1735

乾隆皇帝

乾隆帝是中国历史上最长寿的皇帝，享年八十九岁，在位六十年，然后禅让皇位做太上皇。他在位期间，清朝的国力达到巅峰。

八月

AUG

24

清高宗 乾隆帝 1711–1799

嘉庆皇帝

嘉庆帝在位时清朝国力已呈败象，各地疲于应付教民作乱。曾有天理教教徒攻入紫禁城，皇帝还曾在神武门内遇歹徒行刺。

八月

AUG

25

清仁宗 嘉庆帝　1760–1820

道光皇帝

道光帝以节俭闻名，但其在位期间，却签订了丧权辱国的《南京条约》。条约共十三款，其中要求中国割让香港岛及开放五口通商、赔款两千一百万两白银等。

八月

AUG

26

清宣宗 道光帝 1782–1850

咸丰皇帝

咸丰帝体弱多病，在位时国家内忧外患，内有太平天国运动，外有英法联军入侵并火烧圆明园。

八月

AUG

27

清文宗 咸丰帝 1831–1861

同治皇帝

同治帝为慈禧太后当懿嫔时所生，他五岁登基，在两位太后垂帘听政中长大，十八岁亲政，十九岁驾崩于养心殿，是清朝寿命最短的皇帝。

八月

AUG

28

清穆宗 同治帝 1856–1875

光绪皇帝

光绪帝幼年时，慈禧太后垂帘听政，十九岁亲政，与慈禧太后矛盾重重。维新变法失败后，慈禧太后再次训政，光绪帝被幽禁在中南海瀛台。

八月

AUG

29

清德宗 光绪帝 1871-1908

宣统皇帝

溥仪即位时三岁，退位时六岁，

退位后仍在紫禁城中生活，直至 1924 年被驱逐出宫。

八月

AUG

30

宣统帝 1906-1967

小溥仪

慈禧太后

慈禧太后是晚清的实际统治者，曾三次『垂帘听政』，实际统治中国长达四十八年。

八月

AUG

31

慈禧太后　　1835–1908

九月

SEPTEMBER

花园

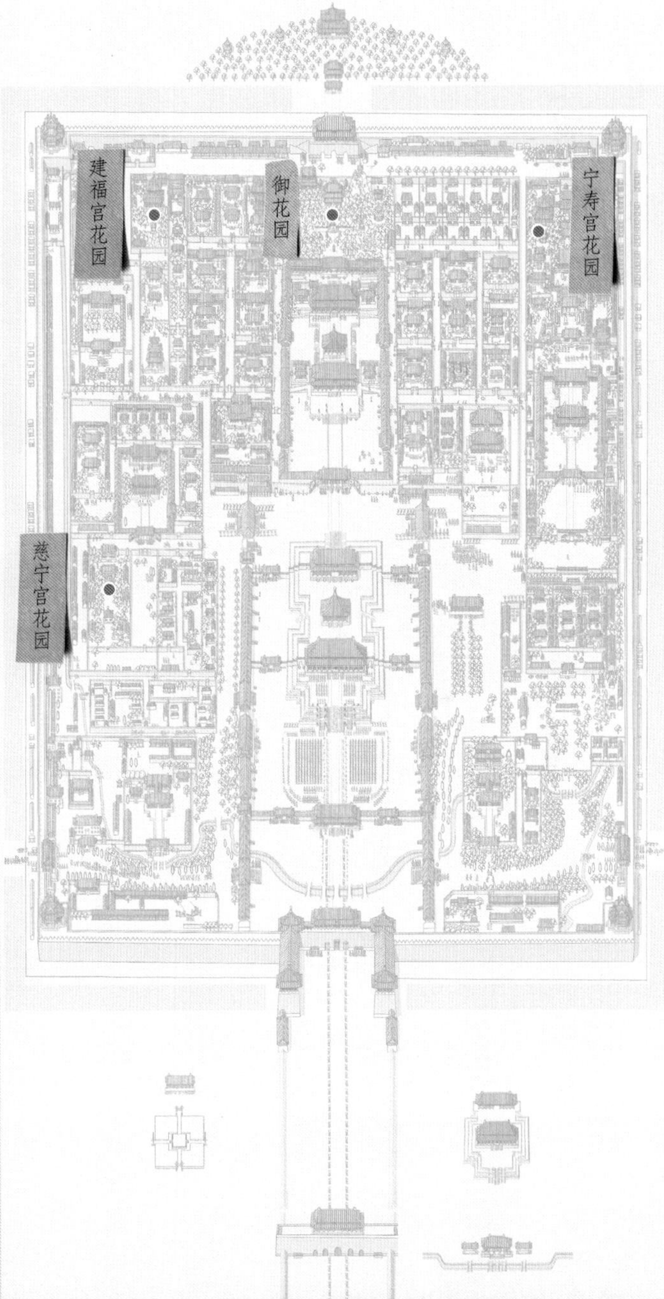
建福宫花园
御花园
宁寿宫花园
慈宁宫花园

御花园

御花园位于紫禁城中轴线北端，始建于明永乐十八年（1420），后陆续增修，现仍保留初建时的基本格局。

御花园作为明清皇帝、后妃休憩的地方，兼具祭祀、典藏、读书等功能。

九月

SEP

1

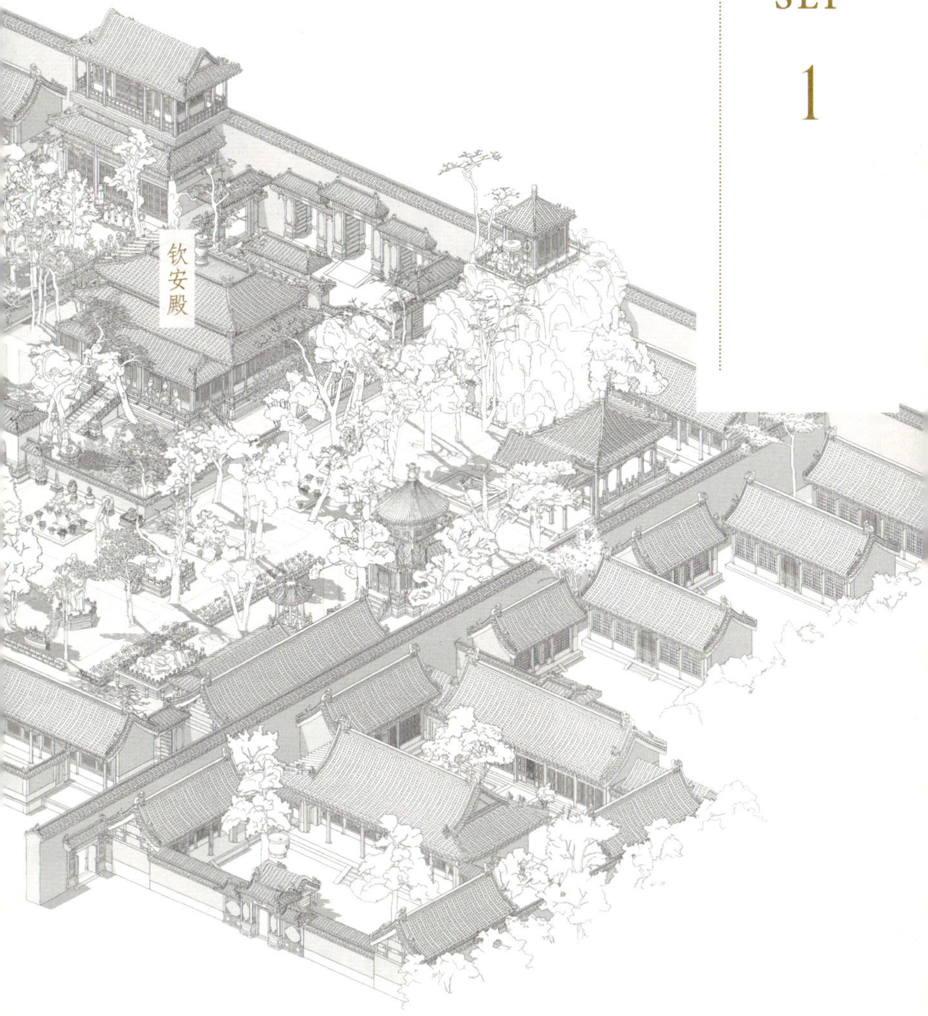

御花园 钦安殿

钦安殿始建于明代，殿内供奉玄天上帝。

明洪熙帝崩于钦安殿，

弘治皇帝开始设斋醮（即道场）。

嘉靖皇帝迷信方术，祈求长生，常于钦安殿拜奏青词。

清帝每年正月都要到钦安殿拈香行礼。

九月

SEP

2

御花园 天一门

天一门是明嘉靖十四年（1535）添建钦安殿院墙时所建。其院门名为『天一』，乃取《易经》中『天一生水』之意。

九月

SEP

3

御花园 堆秀山

堆秀山建于明代，高约十米，以太湖石堆筑而成。每年农历九月初九重阳节，皇帝、后妃在此登高。

九月

SEP

4

御花园 延晖阁

延晖阁建于明代，与堆秀山相对，供皇帝登临远眺。乾隆、道光、咸丰等皇帝皆留有以此阁为主题的诗作。

九月

SEP

5

御花园 鎏金铜象

象是太平幸福的象征，寓意太平有象。

在御花园承光门内陈设着一对鎏金铜象，

铜象呈跪伏状，双目下视。

逊帝溥仪和他的英国老师庄士敦等曾在铜象前合影。

清代皇帝卤簿仪仗中也有仪象，

宫外有象房，驯养大象最多时有三十五头。

九月

SEP

6

御花园　摛藻堂

摛藻堂为乾隆时所修建，堂内藏有《四库全书荟要》，供乾隆帝闲时阅览。传说堂旁古柏曾随乾隆帝南巡并帮他遮荫，故被封为『遮荫侯』。

九月

SEP

7

御花园 养性斋

养性斋建于明代，乾隆时改建成凹字形建筑，与呈凸字形的绛雪轩相对。

逊帝溥仪曾将此处赐予英文教师庄士敦居住。

九月

SEP

8

御花园 绛雪轩

绛雪轩建于明代，轩前花坛曾植五株海棠。每当海棠花瓣飘落时，宛若粉红色的雪花缤纷而降，所以将此处命名为『绛雪轩』。

九月

SEP

9

御花园 赏石

御花园里陈设着许多奇石盆景，

据统计有四十五座之多，其中大部分是太湖石。

在众多的盆景中，较著名的石头有海参石、拜斗石和木化石。

九月

SEP

10

御花园 石子画

御花园的地面上，有九百多幅用彩色小石子拼成的石子画。每一幅石子画的图案都非常精美，包含了人物故事图、祥瑞花鸟图、清雅博古图等。

九月

SEP

11

宁寿宫花园

宁寿宫花园位于紫禁城东北部，南北长一百六十米，东西宽三十七米，面积五千九百二十平方米。这座花园始建于清乾隆四十一年（1776），格局保留至今。这座花园是为乾隆帝做太上皇颐养天年而修建的。

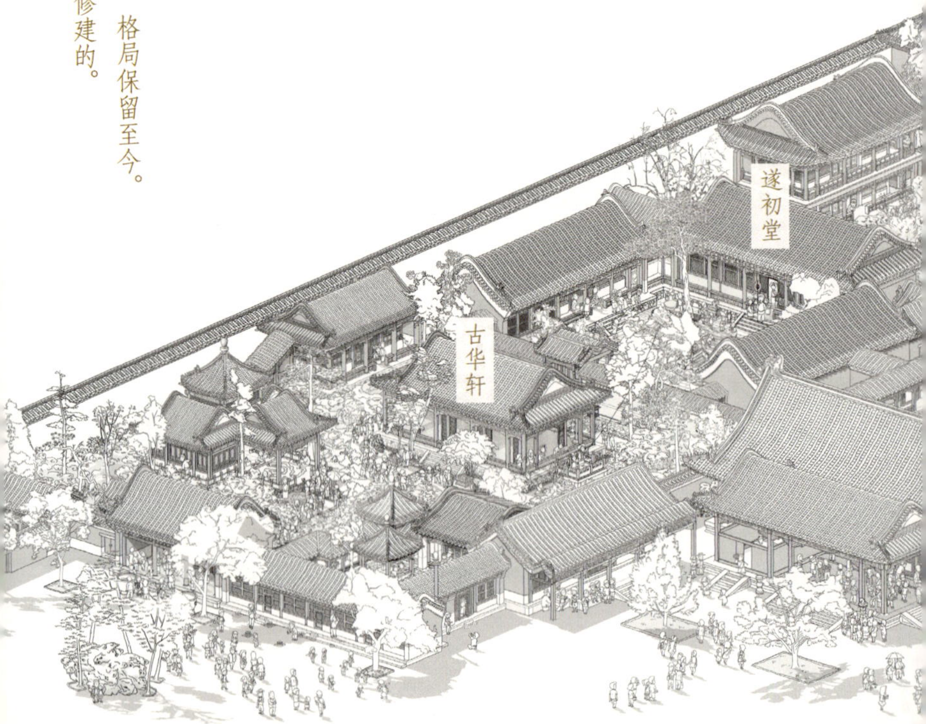

九月

SEP

12

宁寿宫花园 第一进

宁寿宫花园第一进院落的主体建筑是古华轩。古华轩西侧是禊赏亭，禊赏亭的抱厦内有仿王羲之兰亭『曲水流觞』的流杯渠。

九月

SEP

13

宁寿宫花园 第二进

宁寿宫花园第二进院是一个典型的三合院，院内点缀有简单的花木与太湖石。主要建筑是遂初堂，东西各有厢房，所有建筑均有游廊相连接，西北游廊可通第三进院。

九月

SEP

14

宁寿宫花园 第三进

宁寿宫花园第三进院的庭院空间，几乎全被山石所填满，从第二进院落的『空』到第三进院落的『满』，形成强烈的空间对比。萃赏楼是这个院落的主要建筑，东南山坞藏有三友轩。假山上建有耸秀亭，假山下有洞穴可通四方。

九月

SEP

15

宁寿宫花园 第四进

宁寿宫花园第四进院仿建福宫花园而建，以符望阁为主体，另建有碧螺亭、云光楼、玉粹轩和倦勤斋，内部装潢精美华丽。

九月

SEP

16

宁寿宫花园 禊赏亭装饰

禊赏亭内设流杯渠，取『曲水流觞』之意，亭内外装修均饰竹纹，象征王羲之兰亭修禊时『茂林修竹』的环境。

九月

SEP

17

宁寿宫花园 碧螺亭

碧螺亭因其形制似梅花，构件亦以梅花纹装饰，故又称碧螺梅花亭。碧螺亭形体别致，是极为罕见的亭式建筑。

九月

SEP

18

宁寿宫花园 倦勤斋

『倦勤』指对辛劳的政事感到疲倦，有退位让贤的意思。倦勤斋是宁寿宫花园中的最后一幢建筑，主要分东西两部分。斋内装潢瑰丽精致，宛如打开的珍宝匣。其中通景画的使用，让有限的空间无限延展，年迈的皇帝似乎可在这里再次观赏宫外风景，乃至世界。

九月

SEP

19

宁寿宫花园 倦勤斋

倦勤斋东部为明殿，利用内檐装修隔成上下两层的凹字形仙楼，室内隔有十余间小室，设有宝座床、书房、寝宫和佛堂等，是皇帝休憩寝息的空间。斋内的花罩以紫檀木制成，辅以其他珍贵木材制成的槅扇、槛窗，制作精巧、名贵豪华。

九

月

SEP

20

倦勤斋 戏台

倦勤斋室内西部正中设有一座攒尖顶的方形小戏台，周围有夹层篱笆，看似竹造，实为木制髹漆画成竹纹，非常精致。围绕戏台的北墙和西墙贴有通景大画，利用西方透视法描绘室外庭院风光。顶棚同样贴有描绘成藤萝架的通景画，人在其中仿佛置身于串串紫藤花下。

九月

SEP

21

慈宁宫花园

慈宁宫花园始建于明嘉靖十七年（1538），清乾隆三十年（1765）进行大规模改建，格局保留至今。这里是明清太皇太后、皇太后及太妃嫔游览、休憩、礼佛的地方。

九月

SEP

22

慈宁宫花园 咸若馆

明代初建时称咸若亭，明万历十一年（1583）改名为咸若馆，清乾隆年间改建成今天的格局。咸若馆是清代太后、太妃礼佛之所。

九月

SEP

23

慈宁宫花园 临溪亭

临溪亭始建于明万历六年（1578），原名临溪馆。亭下设有水池，围以汉白玉望柱栏板，池中曾养鱼植花，太后、太妃可打开亭中槅扇门，凭栏倚望。

九月

SEP

24

慈宁宫花园 正统七年铜香炉

临溪亭前面陈设着一座比建筑还要早一百多年的铜香炉，香炉上铸写着『大明正统七年岁次九月吉日造』的字样。

九月

SEP

25

建福宫花园

建福宫花园始建于乾隆七年（1742），是皇帝闲暇游憩、收藏珍玩之地。园中静怡轩是乾隆帝准备为太后去世后守丧的地方。

九月

SEP

26

建福宫花园

1923 年建福宫花园毁于大火。

建福宫花园于 2000 年由中国文物保护基金会集资重建。

2006 年复建工程顺利竣工。

九月

SEP

27

建福宫花园 建福宫

建福宫初建时拟作为乾隆帝为母守制之所，后未实行。

后来每逢嘉平朔日（腊月初一），乾隆帝御此宫书『福』字笺，以迎新禧。

九月

SEP

28

建福宫花园 延春阁

延春阁外观二层，内部实为三层，间隔多变，因此有『迷楼』之称。

这里是皇帝游乐、休息、读书和登高远望的地方。

九月

SEP

29

建福宫花园 积翠亭

延春阁前的假山上，建有积翠亭，后来乾隆帝营建宁寿宫花园中的撷芳亭，便仿自积翠亭。

九月

SEP

30

十月

OCTOBER

宫廷生活

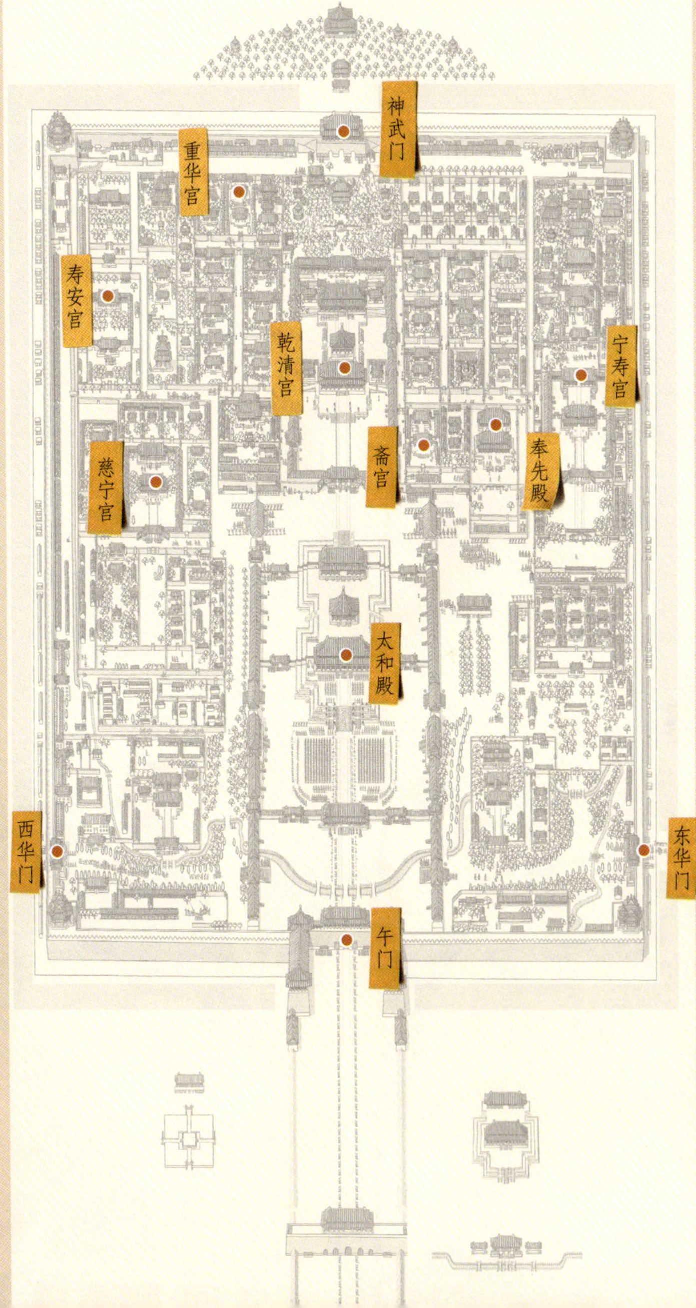

神武门
重华宫
寿安宫
乾清宫
宁寿宫
斋宫
奉先殿
慈宁宫
太和殿
西华门
东华门
午门

琼台赏月

中秋月夜，天清云淡，皓月升空。清代皇帝率领众嫔妃，拜祭月神，赏月饮酒。

十月

OCT

1

国庆节

National Day

选秀

清代康熙年间，后妃定为八个等级：皇后一人，皇贵妃一人，贵妃二人，妃四人，嫔六人，以下有贵人、常在、答应三级，人无定数。康熙帝一生有后妃五十五人，而光绪帝只有一后二妃三人。

十月

OCT

2

大婚

清代皇帝在即位之后才举行的婚礼，称为大婚。清朝只有顺治、康熙、同治、光绪四位皇帝举行过大婚典礼。

十月

OCT

3

凤舆

凤舆即皇后大婚时所乘坐的喜轿。

十月

OCT

4

康熙帝万寿

清康熙五十二年（1713）三月十八日，是康熙皇帝的六十大寿。

该图展现了康熙帝六十大寿时，设卤簿大驾的情景。

画面中，康熙帝乘步辇，皇子皇孙二十五人扶辇，耆老夹道欢呼万岁。

十月

OCT

5

万寿盛典

《万寿盛典初集》分为宸藻、圣德、典礼、恩赉、庆祝和歌颂，全书在记述康熙帝万寿庆典活动的同时，也对圣祖的仁德倍加颂扬。

十月

OCT

6

龙袍

帝王的服饰上绣有各种寓意吉祥、色彩艳丽的纹饰图案，龙袍上除了有龙纹，还有十二章纹等图案。

十月

OCT

7

十二章纹

龙袍上绣有十二种图像，称为十二章纹，分别是：

日、月、星辰、山、龙、华虫、宗彝、藻、火、粉米、黼、黻。

日

山

龙

藻

十月

OCT

8

月

星辰

黼

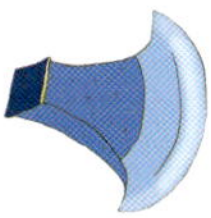

黻

华虫

宗彝

火

粉米

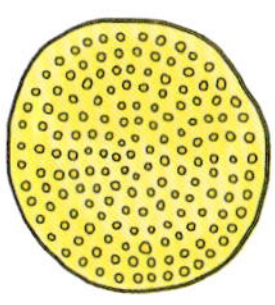

朝珠

朝珠是搭配清代宫廷礼服的一种佩挂物，
挂在颈项、垂于胸前。
朝珠状如念珠，计一百零八颗。
皇帝佩戴时，
会根据不同的场合戴不同质地、
不同颜色的朝珠。

十月

OCT

9

官帽

清代用不同的宝石作为官员的帽顶顶珠，以显示官员品级的高低。一品用红宝石，二品用珊瑚，三品用蓝宝石，四品用青金石，五品用水晶，六品用砗磲，七品用素金，八品用阴文镂花金，九品用阳文镂花金。顶无珠者无品级。

十月

OCT

10

文武一品官服补子

文官：仙鹤；武官：麒麟。

十月

OCT

11

文武二品官服补子

文官：锦鸡；武官：狮子。

十月

OCT

12

文武三品官服补子

文官：孔雀；武官：豹。

十月

OCT

13

文武四品官服补子

文官：云雁；武官：虎。

十月
OCT
14

文武五品官服补子

文官：白鹇；武官：熊。

十月

OCT

15

文武六品官服补子

文官：鹭鸶；武官：彪。

十月

OCT

16

文武七品官服补子

文官：鸂鶒；武官：犀牛。

十月

OCT

17

文武八品官服补子

文官：鹌鹑；武官：犀牛。

十月

OCT

18

文武九品官服补子

文官：练雀；武官：海马。

十月

OCT

19

中和韶乐

中和韶乐在清代乐制中的规格最高，主要用于郊庙祭祀和朝会典礼。排箫是『中和韶乐』的演奏乐器之一，共有十六支竹管，用长短调节音调高低。

十月

OCT

20

排箫

乾隆帝大阅

《乾隆皇帝大阅图》轴描绘了清乾隆四年（1739），皇帝于京郊南苑举行阅兵式时的情景。乾隆皇帝着戎装、骑骏马，英姿勃发。

十月

OCT

21

八旗

八旗为努尔哈齐创建的兵民合一的军事制度，有正黄、正白、正红、正蓝、镶黄、镶白、镶红、镶蓝之分。

十月

OCT

22

正白旗

镶白旗

正蓝旗

镶蓝旗

合符

在清代，合符是夜间出入紫禁城和京城城门时使用的凭证，每套合符均由阴文合符和阳文合符两部分组成。通常由守门者持阴文合符，通行者持阳文合符，两者相符才能取钥匙开门。

十月

OCT

23

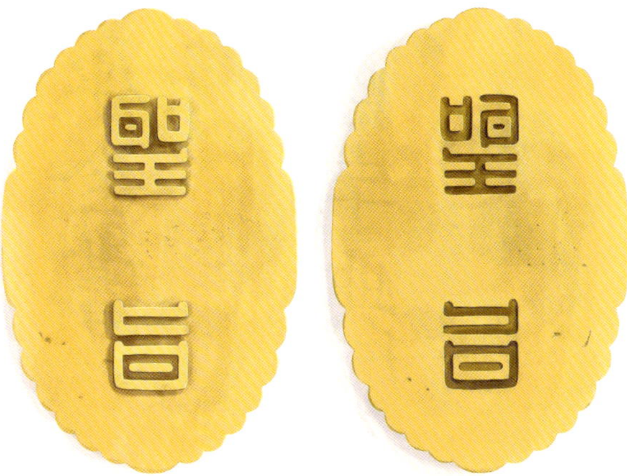

四庫全書
康熙字典

编书

明清两代完成了历史罕见的庞大文化工程，如《永乐大典》《古今图书集成》《康熙字典》《四库全书》等书的编修工作，都是在国力最强盛的时期开始和完成的。

十月
OCT
24

古今圖書集成

永樂大典

重阳节 赏菊

菊是高洁的象征，又被人们赋予了吉祥、长寿的含义。自魏晋以来，就有重阳节赏菊、饮菊花酒之风俗。清宫也很重视重阳节，乾隆帝有『指日重阳到，黄花开绕栏』的诗句。

十月

OCT

25

书城

清皇室虽来自关外，
但其关心文化的程度却不比其他王朝低，
帝王自小读书的风气远比明代兴盛，
尤其自雍正朝伊始的秘密建储制度，
更令皇子们不敢有一点松懈。
在紫禁城中，分布着许多大大小小的书房。

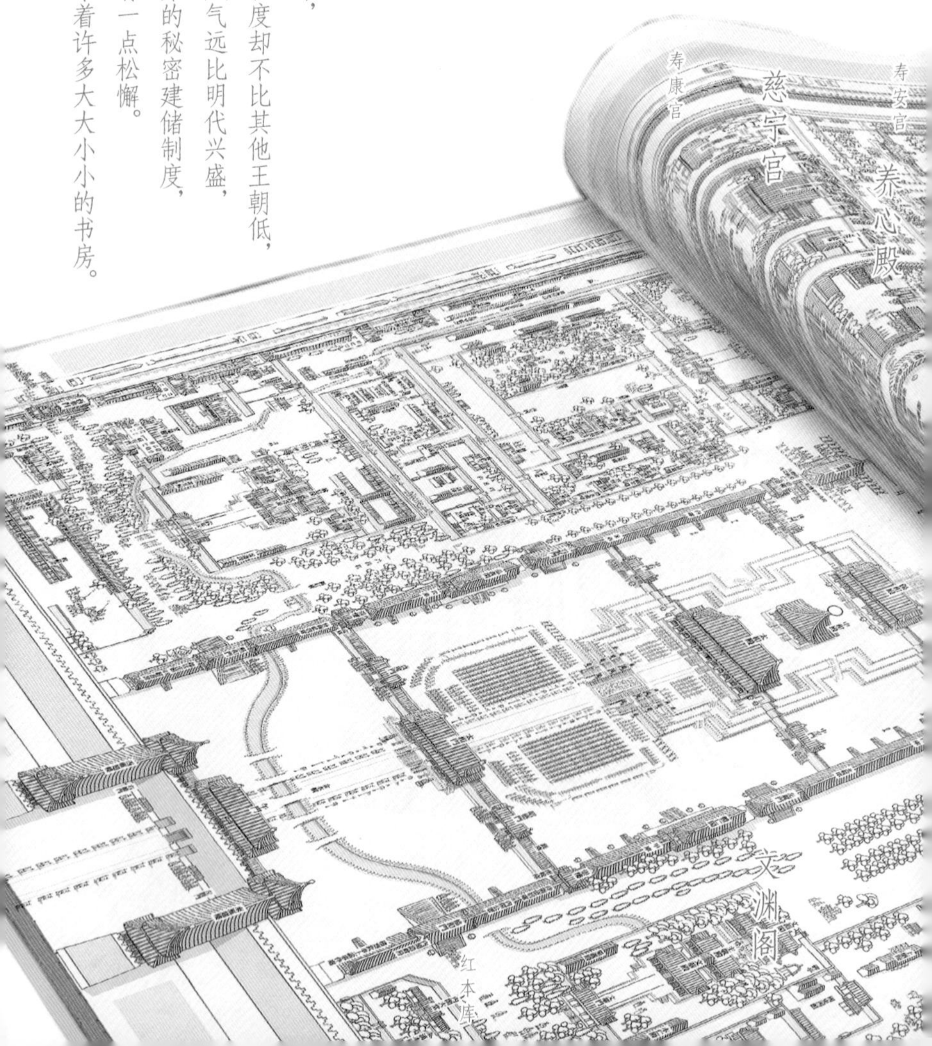

十月

OCT

26

英华殿
建福宫
静怡轩
延春阁
敬胜斋
重华宫
怡情书史
咸福宫
长春宫
永寿宫
翊坤宫
体和殿
弘德殿
位育斋
延晖阁
摛藻堂
昭仁殿
景仁宫
钟粹宫
上书房
斋宫
毓庆宫
惇本殿
味余书室
古鉴轩
御书房
静观斋
景阳宫
永和宫
古董房
萃赏楼
三友轩
养性殿
乐寿堂
颐和轩
阅是楼
宁寿宫
皇极殿

溥仪打网球

打网球是溥仪最喜爱的运动之一。1923年，建福宫火灾殃及中正殿等处，清宫已无力复原，溥仪干脆命人在废墟上修了一个网球场，在这里打网球。

十月

OCT

27

御膳

清代皇帝一般每天用餐两次。上午六七点吃第一餐，下午一两点时吃第二餐，一般晚上六点会进行一次『晚点』。皇帝、太后各有偏好，御膳内容各不相同，总的来说，乾隆帝、慈禧太后的菜品最多，节俭的道光帝吃得最少。皇帝最丰盛的一餐是除夕的团圆宴，共有一百多品菜。

十月

OCT

28

瓷母

清乾隆各色釉彩大瓶，综合了两千多年的技术，器身自上而下装饰的釉、彩达十七层之多，素有『瓷母』之美称。

瓷母集诸名窑的精要荟萃于一身，俨如一本立体的彩瓷大全。

十月

OCT

29

紫檀

紫檀木在清代时已经是贵重的木料。假若今天有一块刚成材的紫檀木，其幼苗当是在宋代或更早便已开始生长。那么一件清代的紫檀工艺品，便是一块已经生长了约八百年的木料，加上二百年前的工艺风格和技术的千年珍品！

十月

OCT

30

暖手炉

清乾隆朱漆描金龙凤纹手炉，炉双圆相连，上有提梁，内设铜盆，与铜丝编盖吻合。炉腹部为朱漆地，上绘描金龙凤纹各一对。该手炉以世代相袭的龙凤图为纹饰，又以红色漆为底衬，吉祥喜庆，带有浓重的宫廷色彩。

十月

OCT

31

十一月

NOVEMBER

心灵故事

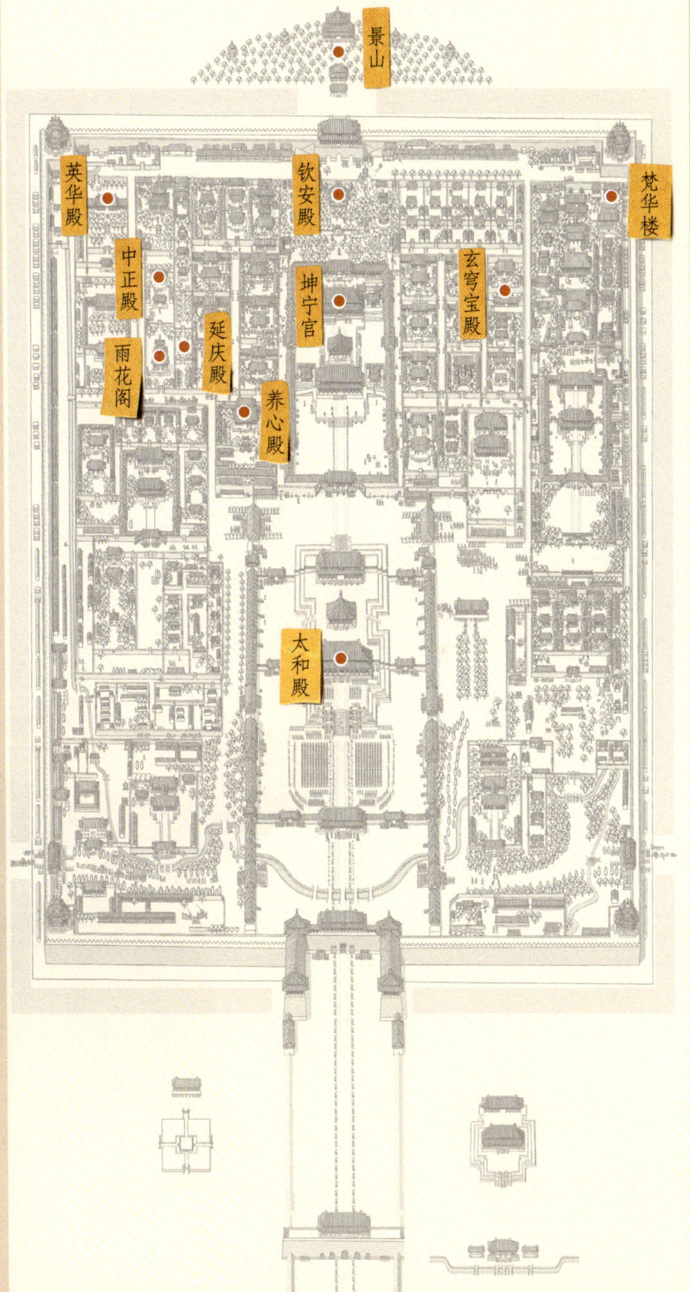

景山
英华殿
钦安殿
梵华楼
中正殿
坤宁宫
玄穹宝殿
延庆殿
雨花阁
养心殿
太和殿

延庆殿

延庆殿在雨花阁东侧，宫中每年『四立』——立春、立夏、立秋、立冬的祭祀仪式皆在延庆殿举行。

十一月

NOV

1

皇后的梦

仁孝文皇后是明成祖朱棣的结发妻子，其父为中山王徐达。

在明永乐元年（1403）

刊行的《梦感佛说第一希有大功德经》序文中，

仁孝文皇后披露：早在永乐帝得帝位前，她已梦见观世音菩萨，

菩萨预言徐氏将成为『天下母』。

十一月

NOV

2

皇帝的山

真武大帝是永乐皇帝的守护神，永乐十年（1412）朱棣调动大批军民，营造湖北武当山的神宫道观，将武当山当成皇帝的家庙道场。

武当山天柱峰上的金殿（铜铸）供奉真武大帝，据说殿中的真武大帝，正是按照朱棣的容貌塑造。

十一月

NOV

3

钦安殿宝顶

钦安殿供奉真武大帝，殿顶安放鎏金宝顶，

钦安殿大修时在宝顶内发现了三千多卷藏文佛教经卷。

十一月

NOV

4

玄穹宝殿

玄（天）穹宝殿位于紫禁城内廷东路，原名『玄穹宝殿』，入清后为避康熙帝名讳（玄烨）而改名为『天穹宝殿』，但现今所悬的门匾仍是『玄穹宝殿』，为宫中两大道场之一。

十一月

NOV

5

玄穹宝殿 铜香炉

在紫禁城众多的大铜鼎中，玄穹宝殿的铜鼎最具特色，宝顶与纹饰都有鎏金。

十一月

NOV

6

玄穹宝殿 玄穹高上帝

玄穹宝殿中供玄穹高上帝，即玉皇大帝，他是道教神话传说中天地的主宰。

十一月

NOV

7

坤宁宫 乌鸦

传说乌鸦曾救过努尔哈齐的命，
所以在坤宁宫外立有索伦杆，
每逢祭祀大典时，
把碎肉和米谷放在索伦杆上的碗状锡斗中，
喂饲乌鸦，敬之奉之。

十一月

NOV

8

坤宁宫 五供

五供是神台前的供器，包括香炉一座、烛台与花觚各一对。在使用时，炉内燃藏香，觚内供花，烛台点蜡烛。坤宁宫五供以动物、人物造型作底托，具有满族特色。

十一月

NOV

9

坤宁宫 关帝

坤宁宫北坑上所供的关圣帝君像，是每天朝祭的祭祀对象。如遇重要日子，皇帝、皇后都会参加祭祀。

十一月

NOV

10

雨花阁

雨花阁是紫禁城里造型最特别的建筑，共四层，严格按照藏密的事、行、瑜伽、无上瑜伽四部设计。

雨花阁仿西藏托林寺（一说桑耶寺）建成。主供大威德金刚、上乐金刚、密集金刚三大主尊。

十一月

NOV

11

雨花阁　鎏金铜顶

雨花阁屋顶为四角攒尖顶，屋面满覆鎏金铜瓦，四条脊上各立一条铜鎏金行龙，宝顶则安鎏金铜塔。龙和塔共用铜近一千斤。

十一月

NOV

12

雨花阁 六世班禅

六世班禅为了庆贺乾隆皇帝的七十大寿，用了一年时间从西藏来到了承德，不料患天花在北京圆寂。乾隆皇帝十分悲痛，于是命人按照六世班禅生前画像，制作了四尊银鎏金六世班禅像，其中一座便供奉在紫禁城雨花阁西配楼内。

十一月

NOV

13

中正殿

中正殿宫区是紫禁城中唯一一处全部由佛堂组成的建筑区域，这里是专门处理皇宫藏传佛教事务的中心，管理范围包括主持皇家寺庙建设、举办法会、佛经翻译印造、造像与法器制作、唐卡织绘等。

中正殿内主供无量寿佛，是为皇太后、皇帝祈福延寿的地方。

十一月

NOV

14

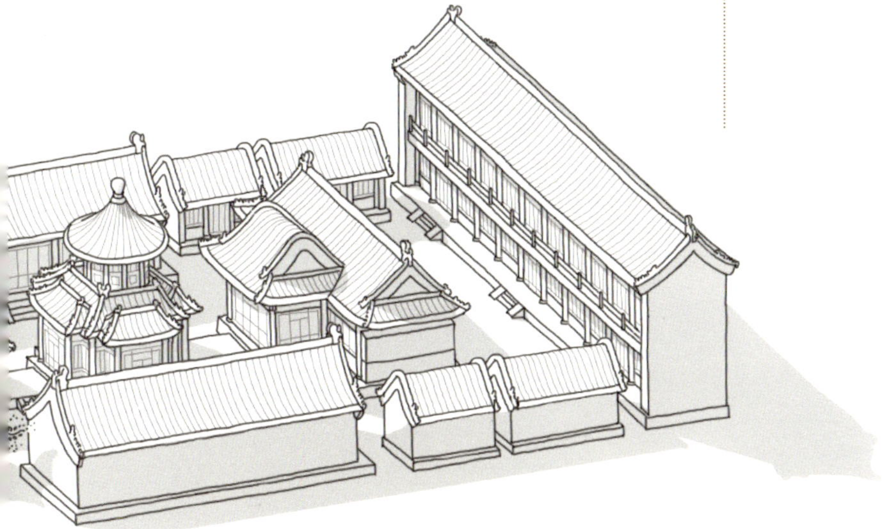

跳布扎

皇宫每年十二月举行『跳布扎』（俗谓『打鬼』）的宗教仪式，活动地点在中正殿，仪式中有喇嘛扮成宿神或生肖神，又有人扮成鹿，众人护鹿，以取『得禄』之义。乾隆帝也曾参与活动。

十一月

NOV

15

乾隆皇帝佛装像唐卡

清代的皇帝被称为文殊大皇帝，乾隆帝更被认为是文殊菩萨的化身。

十一月

NOV

16

梵华楼 旃檀佛

梵华楼中的旃檀佛像，高超过两米，为紫禁城佛堂中最大的铜镀金佛像。

十一月

NOV

17

梵华楼 掐丝珐琅大佛塔

梵华楼是世上仅存较完整的『六品佛楼』，一层六室分别供清乾隆三十九年（1774）所造掐丝珐琅大佛塔六座。

十一月

NOV

18

梵华楼 唐卡

图为陈设于梵华楼『德行根本品』一室的唐卡护法神画像。

十一月

NOV

19

无量寿佛

宫中每遇皇太后和皇帝的重要寿辰，都要制作大量与增福延寿相关的佛像——无量寿佛。同时，京城内外的宗教首领、王公大臣也会纷纷敬送佛像以祝长寿无疆。

十一月

NOV

20

英华殿

英华殿是明清两代皇太后及太妃、太嫔虔诚礼佛之地。

英华殿殿前两侧有明代万历帝生母——慈圣李太后亲手所植的菩提树各一株。

十一月

NOV

21

菩提手串

英华殿前的菩提树盛夏开花，呈金黄色，果实不在花蒂，而缀长于叶背，深秋子随叶落，可以串作念珠。菩提子呈赭黄色，有五条线纹分瓣，故称为『英华殿五线菩提』。

十一月

NOV

22

十六罗汉像屏风

当年释迦牟尼佛在涅槃前，
挑选了十六个弟子留形住世，
保护佛法，直至法雨遍洒世间为止，
他们便是著名的十六罗汉。
因乾隆帝很崇拜十六罗汉，
所以山东巡抚国泰曾贡上一套以贯休罗汉画
为底稿的『嵌玉十六罗汉像屏』，
乾隆帝十分喜爱，陈设在宁寿宫花园云光楼内。

十一月

NOV

23

雍正帝扮道士

雍正帝对道教很有兴趣，在养心殿安设斗坛，并且对炼丹也有浓厚的兴趣，曾在圆明园中炼丹。宫廷画师所画的《雍正帝行乐图》中，雍正皇帝正扮成一位仙风道骨的道士。

十一月

NOV

24

养心殿 符板

符板为道教法器。

清雍正九年（1731）在养心殿、乾清宫、太和殿等重要宫殿天花板上均设置符板。

十一月

NOV

25

景山

景山位于北京城的中轴线上，坐落于紫禁城北面。
景山的五个山峰上，建有五座亭子，
亭中供有『五方佛』，为乾隆年间兴建。

十一月

NOV

26

镇物

古建筑的正脊正中叫『龙口』，
古人会将装有『镇物』的宝匣放在龙口中，
以镇宅消灾、祈求吉祥。
清康熙三十四年（1695）重建太和殿，
宝匣内放五种不同金属制成的锭与牌、金钱八个、五色宝石、
五经五卷、五色缎、五色线、五香、五药、五谷。

十一月

NOV

27

门神

腊月下旬，宫中开始挂门神。

十一月

NOV

28

祭先农 皇帝亲耕

每年春耕前，皇帝都要到先农坛的籍田内举行亲耕礼。

御用黄牛

身披黄衣

十一月

NOV

29

各路神明

紫禁城好似一座诸神的俱乐部。

世道人心，总会在理性与感性之间摇晃，皇家也不例外。

十一月

NOV

30

神鸟
乌鸦
城隍
完立妈妈（清）
九莲菩萨（明）
马神
西番佛
无量寿佛（清）
三清神（明）
观音
释迦牟尼佛
文殊菩萨
大威德金刚
上乐金刚
密集金刚
萨满教诸神
玄武大帝
狐仙
关帝
孔子
药王
皇家历代祖先
昊天上帝
五大密教主尊
三世佛
宗喀巴
旃檀佛
罗汉

十二月

DECEMBER

建筑细节

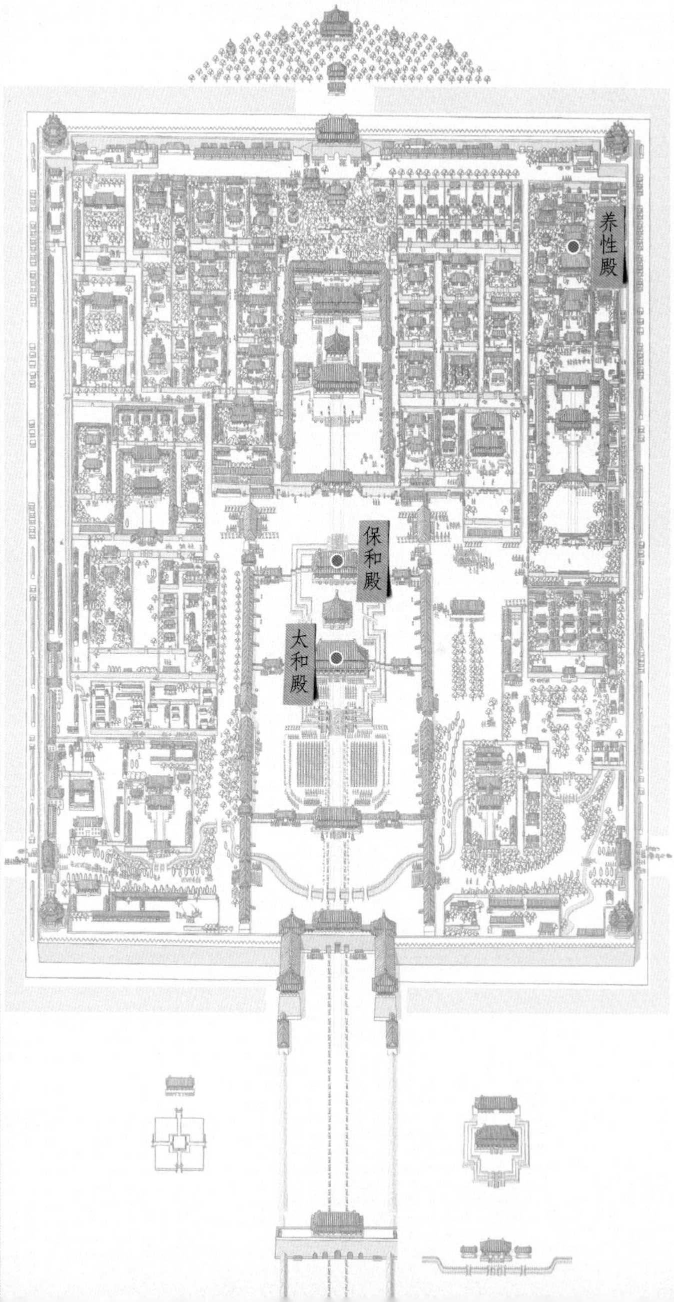
养性殿
保和殿
太和殿

三原色

红（墙壁）、黄（屋顶）、蓝（天空）

是色彩中的三原色，可以调和出一切颜色。

十二月

DEC

1

三段式

一幢木构建筑，基本上离不了屋顶、屋身和台基三个部分，其功能分别为：覆盖、支撑和承托（避湿）。三段式是传统中国建筑最易辨识的立面，每个部分在后来都发展出各种不同的形制、美学及象征意义。

十二月

DEC

2

八大作

每一座建筑，都是由八个主要专业团队协作而完成的。

十二月

DEC

3

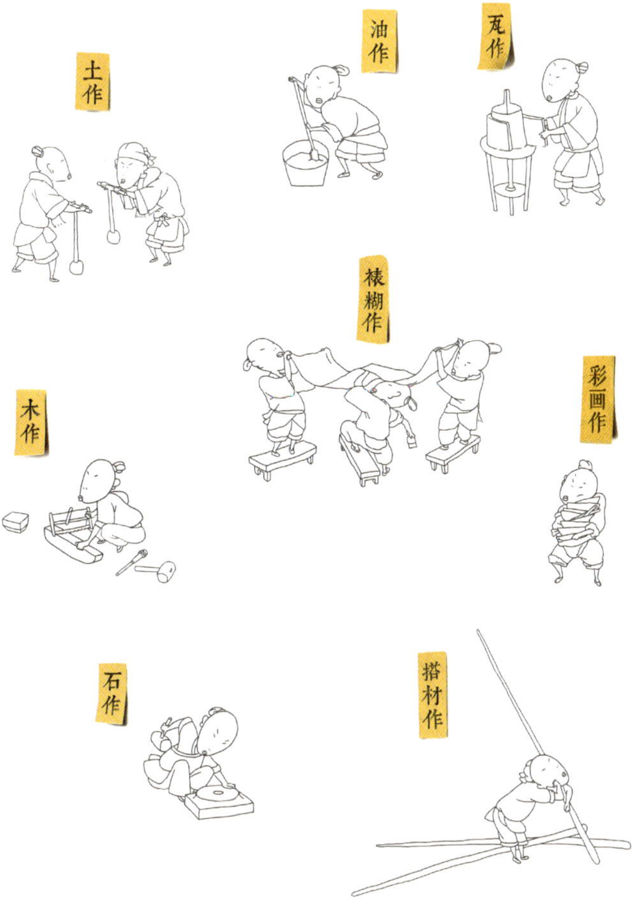

九种屋顶

明清时期，古建筑屋顶的形式多种多样，但归结起来只有五种基本形式：硬山、悬山、歇山、庑殿和攒尖。中国建筑需要配合宗法和礼仪要求使用，所以我们把古代建筑当作『礼』的实体来欣赏。

重檐歇山顶

歇山顶

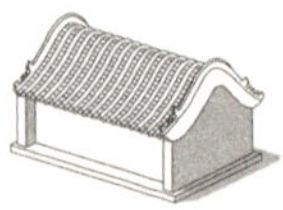

卷棚硬山顶

卷棚悬山顶

十二月

DEC

4

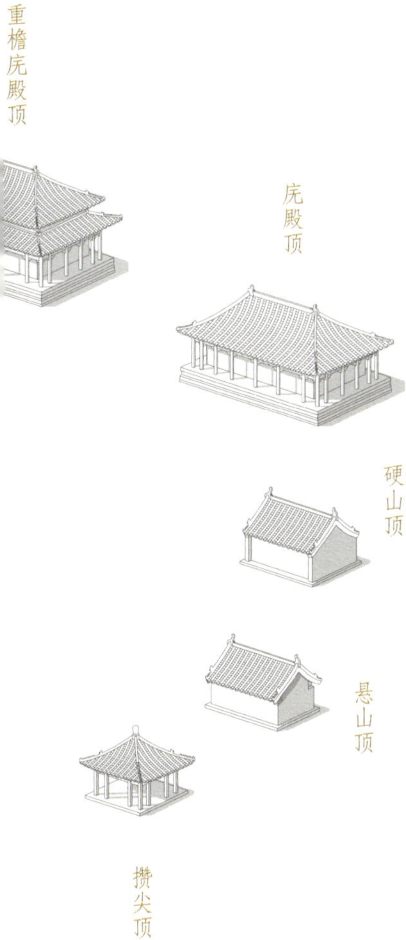

庑殿顶

庑殿顶从任何方向看都是一样稳重庄严，其结构比『九脊顶』（歇山顶）简单，等级却更高。

十二月

DEC

5

重檐庑殿顶

重檐庑殿顶是明清所有殿顶中最高等级的屋顶样式。

十二月

DEC

6

歇山顶

歇山顶一般叫做『九脊顶』，非皇家建筑不得擅用。

十二月

DEC

7

重檐歇山顶

重檐歇山顶是在基本歇山顶的下方，再加上一层屋檐，其等级高于单檐歇山顶。

十二月

DEC

8

攒尖顶

攒尖是中国传统建筑表现手法，是屋顶集于一点的形式，多用于面积不大的建筑，如塔、亭、阁等。

十二月

DEC

9

硬山顶

所谓『硬山』，是指屋顶两山没有挑出，与山墙成一条直线，属于最基本的屋顶形式。

十二月

DEC

10

悬山顶

悬山顶，指屋顶两山向外挑出，多了几分『一任阶前，点滴到天明』的诗意。

十二月

DEC

11

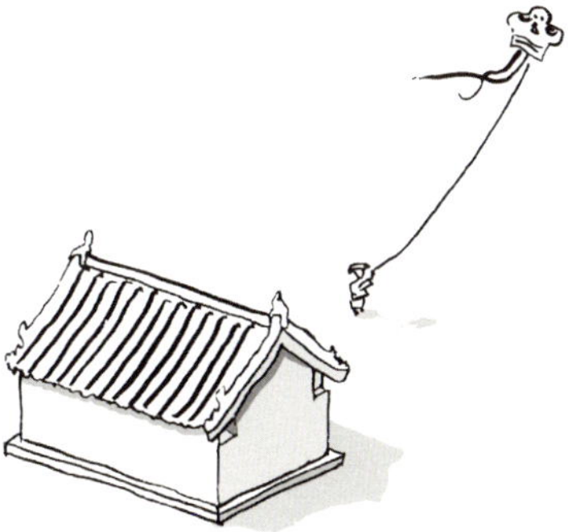

卷棚硬山顶与卷棚悬山顶

卷棚式屋顶的特点是没有正脊，造型温文轻巧，多在园林中使用，也宜入画。

十二月

DEC

12

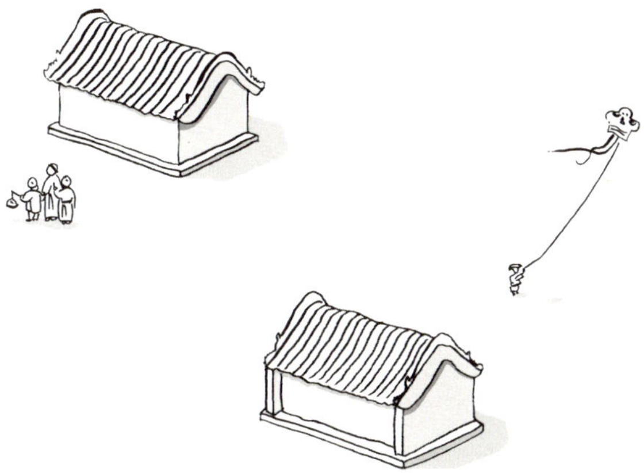

屋顶与阳光

屋檐的设计，使夏至中午的猛烈阳光照不到人。

而到冬至时，猫咪所在的位置却能沐浴在和煦的阳光中。

十二月

DEC

13

勾头滴水

勾头，古代称为瓦当，是筒瓦最下端的圆盘，上面塑有龙纹等图案；滴水位于垄沟的最下端，带有如意形下垂舌片的板瓦，便于排雨水。

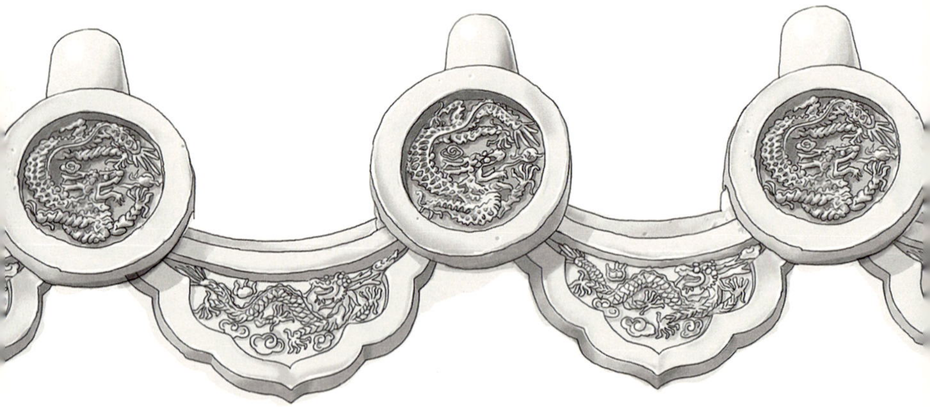

十二月

DEC

14

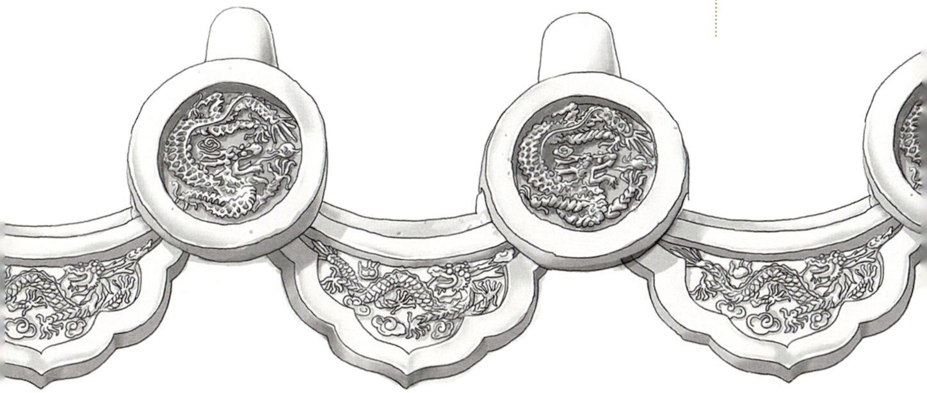

榫卯

建筑像家具，家具像建筑，

大家手牵手，牵出了榫卯。

十二月

DEC

15

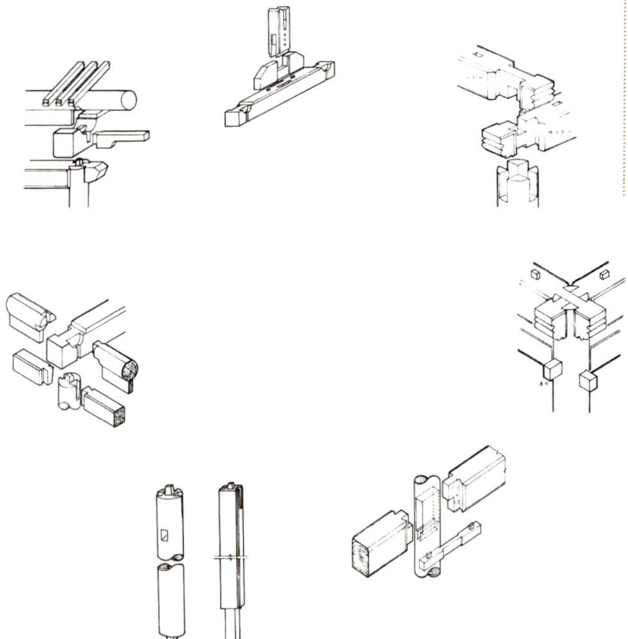

斗拱

在立柱顶端，额枋和檐檩间或构架间，一层层探出呈弓形的承重结构叫拱，拱与拱之间垫的方形木块叫斗，合称斗拱。斗拱把屋檐重量均匀地托住，起到了稳定平衡的作用。

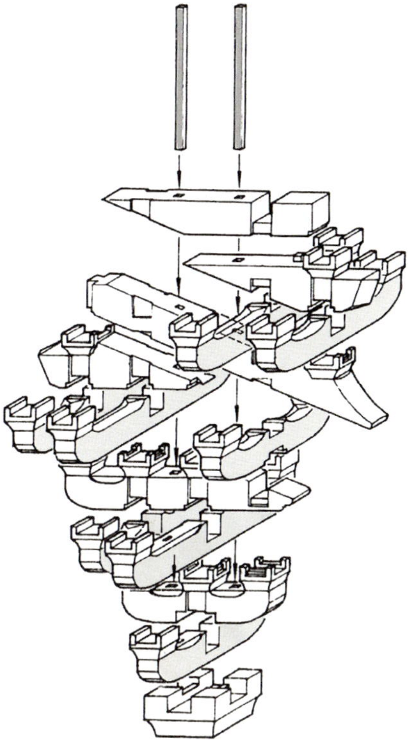

十二月

DEC

16

彩画

木构建筑梁架表面的彩色装饰，可分为和玺彩画、旋子彩画和苏式彩画。

十二月

DEC

17

苏式彩画

木柱 一麻五灰

木构件在油饰前需要进行处理以保护木材，这种特殊的方法被称为『做地仗』。『地仗』混合了桐油、猪血、砖灰等物料，分层涂在木柱表面，典型的做法是『一麻五灰』。

十二月

DEC

18

菱花窗

宫殿中最高级的窗叫作三交六椀菱花窗，其等级和装饰技术最高，透光程度却最低。

十二月

DEC

19

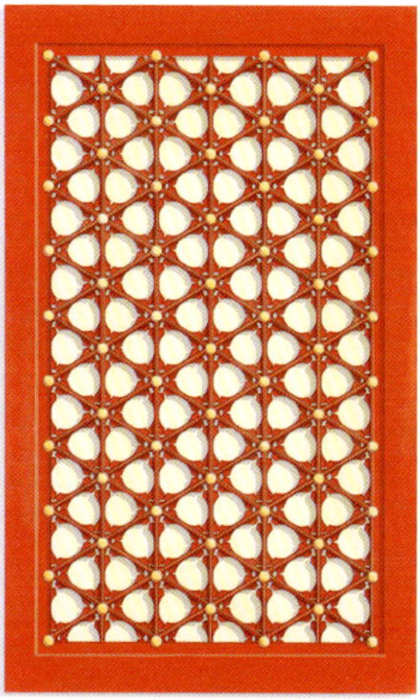

三交六椀菱花窗

直棂窗

砖

专家估计紫禁城有的地方地面墁砖多达七层，全部庭院需用砖两千万块。而城墙、宫墙及三台所用城砖八千万块以上。宫中重要宫殿则用更高级的金砖铺地。

十二月

DEC

20

寶豐窑細泥停城磚

冬至《九九消寒图》

冬至这一天要贴《九九消寒图》。养心殿挂有道光帝书写的《九九消寒图》，内容是『亭前垂柳珍重待春风』。九个九笔画的双钩空白字，每天填写一笔，八十一天后，春天便到来了。

十二月

DEC

21

亭前垂

柳珍重

待春風

圆明园砖

咸丰年间，圆明园被英法联军焚毁，
朝廷下令备料，企图恢复圆明园旧貌。
可庚子年又再遭劫难，残余园砖，
带着『圆明园』的字样四散，
成为补破漏的落难贵族。图中这块砖，
静静地返回本家。
嵌在紫禁城隆宗门旁军机章京值房与崇楼之间的墙壁上。

十二月

DEC

22

透风

紫禁城重要建筑的墙面上，都会嵌有形式特殊的砖，一般饰以镂空式砖雕，叫作透风。透风是房屋墙壁外皮与木柱交接处留出来的通气孔，目的是预防柱子潮湿糟朽。

十二月

DEC

23

门钉

宫门使用门钉的数目均为阳数，有九路、七路、五路三种规定。紫禁城中，宫门上的门钉普遍是九路、九颗，共八十一颗。

十二月

DEC

24

铺首

铺首原是衔接门环的底座式装置，多为金属制，以兽面衔环状为主。铺首亦称『兽环』，取其吉祥祛邪的象征意义。

十二月

DEC

25

台基

台基又称基座，在建筑物中，

系高出地面的建筑物底座。

用以承托建筑物，并使其防潮、防腐，

同时可弥补中国古代单体建筑不甚高大雄伟的欠缺。

十二月

DEC

26

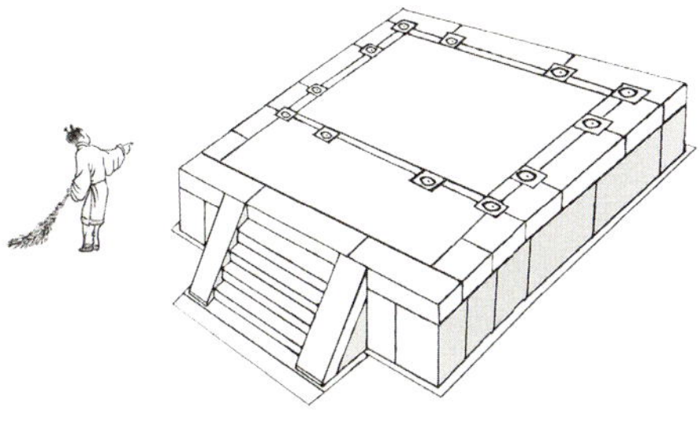

烫样

烫样是指在工程动土前按实物比例缩小，用草纸板、高粱秆、胶水和木料等制成的模型。皇帝因此可用更直观的方式了解建筑完成后的模样。因为其制作时有一道『熨烫』的工序，因此得名『烫样』。图为宫内西六宫中长春宫烫样示意图。

十二月

DEC

27

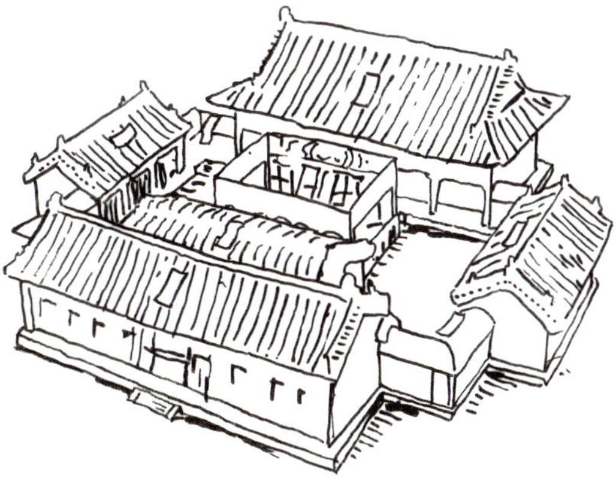

御路石运输

保和殿后的云龙大石原料采自房山大石窝，
距京城百余里路。由于石料太重，
专挑隆冬时节，先让数万民工修路填坑，
每隔一里左右开井，供人马饮用，
同时以泼水成冰的方式，
在冰道上加滚木拽行。
以两万人力、上千骡子，
缓行二十八天才抵达皇宫。

十二月

DEC

28

运输巨石

清院本《清明上河图》中，有一处运输巨石的画面，虽远不及云龙大石雕石料的运输规模，但仍可以从中体会到石料运输过程的艰辛。

十二月

DEC

29

鸣谢工匠

紫禁城在经历火灾、雷灾、人祸等灾难之后，还能保留较为完好的原貌，应该归功于古代能工巧匠及几代故宫人的坚守。

谨向明清两代主持、参与兴建和修缮紫禁城的官员、建筑师、各工种的专家和数以百万计的工匠，以及现当代主持、修缮故宫古建筑的各位专家致谢。

十二月

DEC

30

明代建筑师蒯祥

年轮

紫禁城内廷外东路宁寿宫区的养性殿，

建于清乾隆三十七年（1772），

形制仿西路养心殿而略小。

养性殿内有一棵白皮松，于1997年枯萎。

2001年故宫博物院专家通过树干的『年轮』调查它的树龄，

得出的结论是：养性殿这棵白皮松活了二百四十一岁，

树留下的年轮，记载着紫禁城过渡到故宫的岁月。

十二月

DEC

31

明代皇帝年表

16 个皇帝，17 个年号，共 277 年。

名字	庙号	年号	在位时间
朱元璋	太祖	洪武	31 年（1368–1398）
朱允炆	惠帝	建文	4 年 （1399–1402）
朱　棣	成祖	永乐	22 年（1403–1424）
朱高炽	仁宗	洪熙	8 个月（1425–1425）
朱瞻基	宣宗	宣德	10 年（1426–1435）
朱祁镇	英宗	正统	14 年（1436–1449）
朱祁钰	代宗	景泰	8 年 （1450–1457）
朱祁镇	英宗	天顺	8 年 （1457–1464）
朱见深	宪宗	成化	23 年（1465–1487）
朱祐樘	孝宗	弘治	18 年（1488–1505）
朱厚照	武宗	正德	16 年（1506–1521）
朱厚熜	世宗	嘉靖	45 年（1522–1566）
朱载垕	穆宗	隆庆	6 年 （1567–1572）
朱翊钧	神宗	万历	48 年（1573–1620）
朱常洛	光宗	泰昌	1 个月（1620–1620）
朱由校	熹宗	天启	7 年 （1621–1627）
朱由检	思宗	崇祯	17 年（1628–1644）

出征瓦剌被俘，8 年后复辟，做了两任皇帝。

清代皇帝年表

12个皇帝，13个年号，共296年。以入关计算则为10个皇帝268年。

名字	庙号	年号	在位时间
努尔哈齐	太祖	天命	11年（1616-1626）
皇太极	太宗	天聪	10年（1627-1636）
		崇德	8年（1636-1643）
福临	世祖	顺治	18年（1644-1661）
玄烨	圣祖	康熙	61年（1662-1722）
胤禛	世宗	雍正	13年（1723-1735）
弘历	高宗	乾隆	60年（1736-1795）
颙琰	仁宗	嘉庆	25年（1796-1820）
旻宁	宣宗	道光	30年（1821-1850）
奕詝	文宗	咸丰	11年（1851-1861）
载淳	穆宗	同治	13年（1862-1874）
载湉	德宗	光绪	34年（1875-1908）
溥仪		宣统	3年（1909-1911）

图书在版编目（CIP）数据

紫禁城365／赵广超著．-- 北京：故宫出版社，2020.6（2023.3重印）

ISBN 978-7-5134-1239-1

Ⅰ．①紫… Ⅱ．①赵… Ⅲ．①故宫—介绍—北京 Ⅳ．①K928.74

中国版本图书馆CIP数据核字(2019)第172183号

紫禁城365

赵广超 著

出版人：章宏伟
策划：江 英
责任编辑：王冠良 熊 娟
专家审读：黄希明
装帧设计：设计与文化研究工作室
责任印制：常晓辉 顾从辉

出版发行：故宫出版社
地址：北京市东城区景山前街4号 邮编：100009
电话：010-85007800 85007817
邮箱：ggcb@culturefc.cn

制版：北京印艺启航文化发展有限公司
印刷：北京启航东方印刷有限公司
开本：787毫米×1092毫米 1/32
印张：24
字数：250千字
版次：二〇二〇年六月第一版

印次：二〇二三年三月第三次印刷
印数：20,001-25,000册
书号：ISBN 978-7-5134-1239-1
定价：一百六十八元整

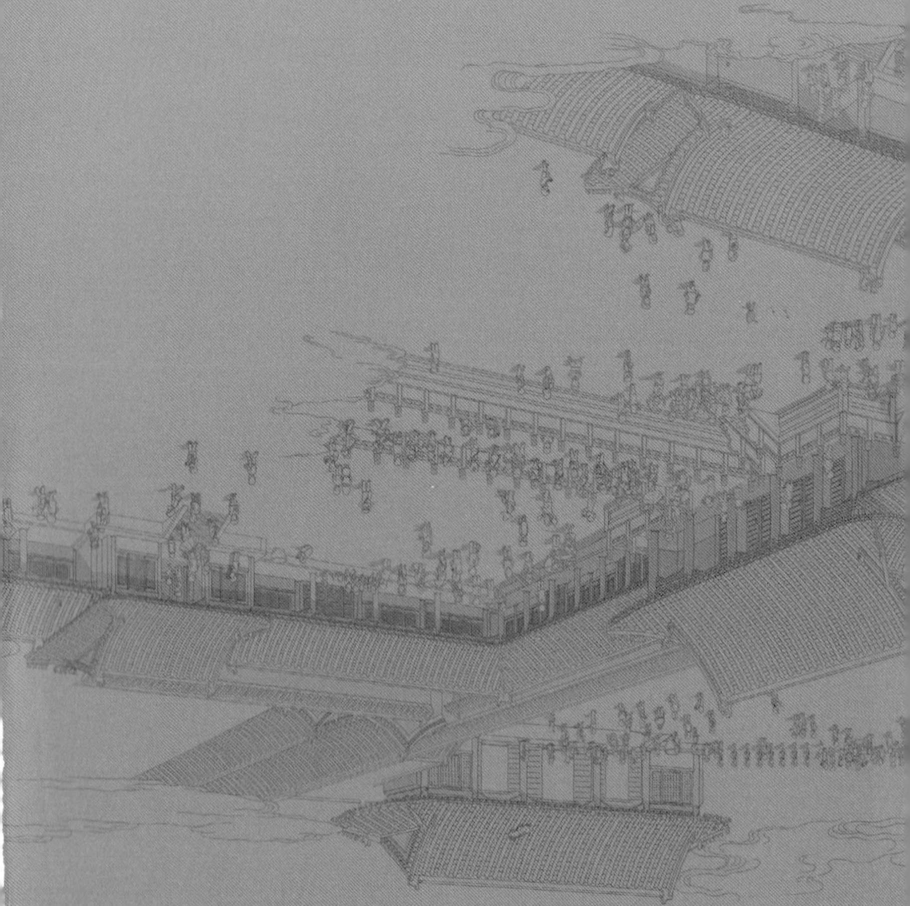